人生の経営戦略
LIFE MANAGEMENT STRATEGY

自分の人生を自分で考えて
生きるための戦略コンセプト20

山口周

ダイヤモンド社

はじめに　思い通りにならない人生を、とにかくなんとかする

本書の目的は

経営戦略論をはじめとした経営学のさまざまな知見を、個人の「人生というプロジェクト」に活用するためのガイドを提供する

というものです。

私は、大学で哲学と美術史を研究したのちに広告代理店の電通に入社し、20代に宣伝・広告のプランニングに携わった後、外資系コンサルティングの世界に身を移し、

以後は20年にわたって、顧客企業の経営戦略の策定、企業変革の支援、組織開発・経営人材育成等のプロジェクトに携わってきました。

その後に独立し、現在は営利企業・NPO・自治体へのコンサルティング、スタートアップ企業のアドバイザー、経営大学院等の教育機関のファカルティ、世界経済フォーラム等の国際会議の研究員、ラジオ番組のパーソナリティ等の仕事に携わって現在に至っています。

キャリアを通じて一貫してやってきたのは、外部の支援者という立場から「状況を抽象化し、戦略を具体化する」という活動でしたが、では、これまでの人生の中でもっとも深くコミットし、長い時間をかけて考え続けてきたのは、どのプロジェクトであったかと考えてみれば、それは他ならぬ私自身の**「人生の経営戦略＝ライフ・マネジメント・ストラテジー」**の考察だったと思います。

当時としては珍しく、ＭＢＡ（＝経営学修士号）を取らずにコンサルティングの業界に入ってきた私は、日々のプロジェクトを通じて、さまざまな経営戦略論のコンセプト、企業変革論のアプローチ、財務分析やM&Aの手法、人材育成論やリーダーシップ論のフレームワークを学び、プロジェクトの現場でそれらを使い倒していましたが、数年経ったある日、実践を通じて身につけたこれらの知見が自分自身の人生にそのまま適用できることに気づきました。

以来、私は、私自身の人生をひとつの大きなプロジェクトとしてみなし、企業がPDCAのサイクルを回すのと同じように、自身の人生についても、市場を分析し、戦略を策定し、結果を検証し、必要に応じて修正するというサイクルを回していきました。

この過程を通じて、クライアントを支援するために有用であった経営戦略論をはじめ、マーケティング、財務、オペレーション、組織行動論など、経営学全般のコンセプトやフレームワークが、個々人の「人生の経営戦略＝ライフ・マネジメント・ストラテジー」を策定し、実行していく上でも極めて有用であるということを実感しました。

私が本書において提案したいと思っているのは、これらのコンセプトやフレームワークを、読者である皆さんの「人生の経営戦略＝ライフ・マネジメント・ストラテジー」の策定・実践に活用する、ということです。

もしかしたら、このような提案に対して「人生と経営を結びつけるとはなんとドライで冷徹なことか」と苦笑される方もおられるかもしれません。確かに、一般に「マネジメント」には「計画」や「統制」や「管理」といったニュアンスが付きまといますから、このような感想を持たれても仕方がありません。

しかし「経営＝マネジメント」という言葉の持つ別の側面を知れば、そこには「人生」と結びつく奥深いニュアンスがあることにも気がつくでしょう。というのも「マネジメント」には

「思い通りにならないものを、とにかくなんとかする」

という意味もまたあるからです。

先述した通り、マネジメントと聞けば、まずは「計画」や「管理」や「統制」といった言葉が思い浮かびますが、物事が「計画」通りに進んで「管理」や「統制」ができるのであれば、そもそもマネジメントは必要ありません。

予想もしなかったことが起き、さまざまな障害が立ち現れ、「計画」も「管理」も「統制」もうまくいかないからこそ、「とにかくなんとかする＝マネジメント」が必要なのです。

今からおよそ百年前、シカゴの一会計事務所にすぎなかったマッキンゼー&カンパニーを世界的なコンサルティングファームへと変貌させた中興の祖であるマーヴィン・バウアーは、経営者に求められる資質の根幹にあるものとして**「Will to manage＝経営する意思」**を挙げました。つくづく、いい言葉だと思います。

企業経営は思い通りにいきません。想定外のことが次々に起き、人々を束ねることも容易でないなか、それでもなお、成り行きにまかせるのではなく、「とにかくなんとかする」という主体的な意思を持って、目標の達成に向け、人々に働きかけ、組織全体を率いていくという「意思」が経営者には求められる、とバウアーは言っているのです。

そして、この「経営する意志＝Will to manage」は、企業経営と同様に、これからやってくる非常に難しい時代にただでさえ思う通りにならない人生を送らなければならない私たちにも求められているものだと思います。

本書では、経営学の基本的な概念や理論を解説し、それを「人生の経営戦略」にどう適用するかを具体的な例を交えて説明していきます。それは例えば、競争戦略論のポジショニング理論を用いて「自分の居場所」を見定め、マーケティングのライフ・サイクル・カーブの理論によって「人生の順番とタイミング」を考察し、ゲーム理論の「絶対優位の戦略」に基づいて「他者とは異なる逆バリ」を選択し、財務理論の正味現在価値の観点から「長期リターンの大きい選択肢を選ぶ」といったことです。

これらの用語は、経営学に馴染みのない人にとって最初は難解なように思われるかもしれませんが、心配することはありません。本書では、これらの理論やコンセプトについて、初学者でも理解できるように解説を付しています。したがって本書は、新社会人だけでなく、就職について考えている大学生や高校生、あるいは経営学に馴染みのないままにキャリアの中盤に差し掛かっている人々にとっても十分に理解でき、自分の人生の経営戦略＝ライフ・マネジメント・ストラテジーの考察・実行に活用できる内容になっていると自負しています。

本書を通じて、皆さんが、自分自身の人生をより良い方向に導くためのヒントが得られることを願っています。皆さんの人生が、より豊かなものになりますように。

第0章

なぜ、いま「人生の経営戦略」なのか？

03

いつも出遅れてしまう

第3章 職業選択について

06

「ここじゃないどこか」で生きてみたい

ポジショニング　後編
多動して「自分の居場所」を見つける　144

07

営利企業よりＮＰＯの方がクール？

ＣＳＶ競争戦略
社会的利益を生み出す企業が長期的に繁栄する　161

兼業・副業に興味はあるけど……

10 イニシアチブ・ポートフォリオ　異質な仕事を組み合わせる

第4章

選択と意思決定について

第5章

学習と成長について

優秀な若手が増えてきて焦る

20 サーバントリーダーシップ 与える喜び、支える喜びを糧にする 322

第0章

なぜ、いま「人生の経営戦略」なのか？

LIFE MANAGEMENT STRATEGY

現代の日本は、かつて経験したことのない「低成長の時代」を迎えています。しかし、このような時代の到来に合わせた人生観・キャリア観のアップデートが進んでおらず、多くの人は「高成長の時代」の「頑張れば報われるマインドセット」のままで人生に臨んでおり、多くの混乱と悲劇が生まれています。

加えて指摘すれば、テクノロジーの影響や人生百年時代の到来によって、私たちの「生き方」「働き方」の選択肢は増えていますが、多くの人はこの状況にむしろ戸惑いを感じています。

このような時代において、私たちに求められるのが、個々人の「人生の経営戦略」です。本章では、なぜいま私たちに「人生の経営戦略」が求められるのか？　その背景となる事実と問題意識を共有したいと思います。

問題意識①

難しい時代の到来

ここですぐにでも、本題の考察に進みたいのですが、その前に、まずは本書執筆の前提となった問題意識について共有しておきたいと思います。私がこのタイミングで「人生の経営戦略＝ライフ・マネジメント・ストラテジー」について書こうと思った背景には、次の3つの問題意識があります。

①難しい時代の到来
②準備のできていない人たち
③二極化する人生論・キャリア論

図0－1｜日本のGDP成長率

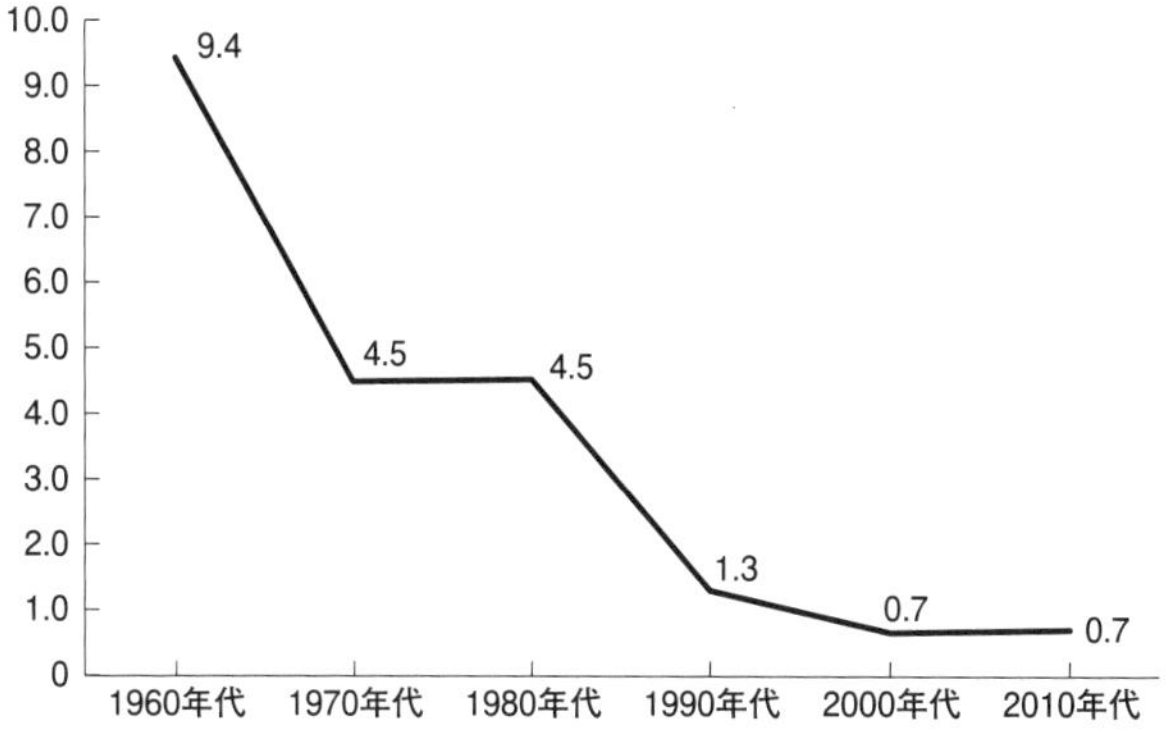

出所：世界銀行データを基に筆者集計

順に説明していきましょう。

一番目は「難しい時代の到来」という理由についてです。まずは上のグラフを確認してください。これは日本のGDP成長率を十年毎に平均したものです。

ひと目見てわかる通り、私たちの社会は1960年代の高度経済成長の時代から、急降下するような経済成長率の低下を一貫して続けており、本書執筆中の2024年時点で、2020年代の平均成長率は事実上ゼロとなっています。

ちなみに、私自身はこのような状態を必ずしもネガティブに捉えてはおらず、むしろ成長が強迫的に求められる「登山の社会」から、安定した低成長の「高原の社会」へと成熟していくプロセスなのだとポジティブに捉えた方がいいと、再三にわたって訴えていますが、だからといって「何の問題もない」と考えているわけではありません。

私が考える最大の問題は、「低成長そのもの」ではなく、「無限の成長を前提としている社会の制度や規範」と「ゼロ成長の均衡へと軟着陸しつつある現実の社会」とのあいだでさまざまな歪みが生まれており、この歪みによって私たちの人生が翻弄されている、ということです。

この歪みは「社会を再びかつてのような高成長社会に戻す」か、あるいは「ゼロ成長社会に合わせて制度や仕組みを再構築する」かのどちらかでしか調整できません。60年以上にわたって経済成長率が明確な低下トレンドを示している以上、私自身は後者のアプローチ以外に選択肢はないと考えていますが、どうも世の中には未だに前者が可能だと考える人も多いようで、これから当分の間は、この歪みは調整されることのないまま、社会に混乱をもたらし続けることになるでしょう。

現実の社会は均衡のゼロ成長へと軟着陸しようとしているのに、制度や規範は高成長への離陸を目指す社会のまま、という「つなぎ目の社会」に私たちは生きているのです。

■「つなぎ目の社会」に起こる精神の後退と自己の喪失

システムは往々にして「つなぎ目」に脆弱性を露呈するものですが、これは社会についても同様に言えることです。社会学の開祖の一人であるフランスのエミール・デュルケームは、社会のステージが古い段階から次の段階へと移行する「つなぎ目の社会」において、それまでの規範や制度のアップデートが追いつかず、「規範の解体＝アノミー」が発生する、と指摘しました。

古い制度や規範がもはや有効ではないことはわかっているのに、どのような制度や規範が有効なのかははっきりしない「宙ぶらりん」の状況の中、どうすればいいのかわからない個人や組織は、過去の規範や常識に必死にしがみつくか、あるいは短兵急に粗雑な思想に飛びつくかして、社会ではモラルの荒廃、精神の後退、自己の喪失が起きる、というのがデュルケームの指摘でした。

そして実際に、現在の日本では、まさにアノミーとしか言いようのない現象がそこかしこに見られます。率直にいって、現在の日本で起きている社会的な混乱の多くは、この歪みが生み出している、というのが私の考えです。

■「居場所の選択」で人生が全く変わる社会がやってくる

現実の社会はゼロ成長に近づいているのに、制度や規範は高成長の社会のまま、という「つなぎ目の社会」を生きるにあたって、特に問題になるのが「居場所の選択」です。なぜなら、ゼロ成長社会では、よほど戦略的な視点を持って自分の居場所を選択しないかぎり、選んだ居場所の成長率の期待値もまた、ゼロになるからです。

この指摘に対して、もしかしたら「成長の期待値がゼロになるのなら、逆に選択の巧拙は関係なくなるのではないか」と考えた人もいるかもしれませんが、それは正確な理解ではありません。先ほど、2010年代の日本の経済成長率は0・7%だったと指摘しましたが、産業小分類別にみてみると、直近10年のGDP平均成長率は、上はプラス7・83%の「電子部品・デバイス製造業」から、下はマイナス6・18%の「水産業」までと、かなりの幅があることがわかります。

つまり、ゼロ成長社会とは「成長・発展している場所」と「停滞・衰退している場所」との明暗が極端に分かれる社会のことなのです。このような社会では、当然ながら、個人の「居場所についての選択」、経営戦略論の用語で表現すれば「ポジショニング」が人生に大きな影響を及ぼすことになります。

図0-2 産業別実質GDPと平均成長率

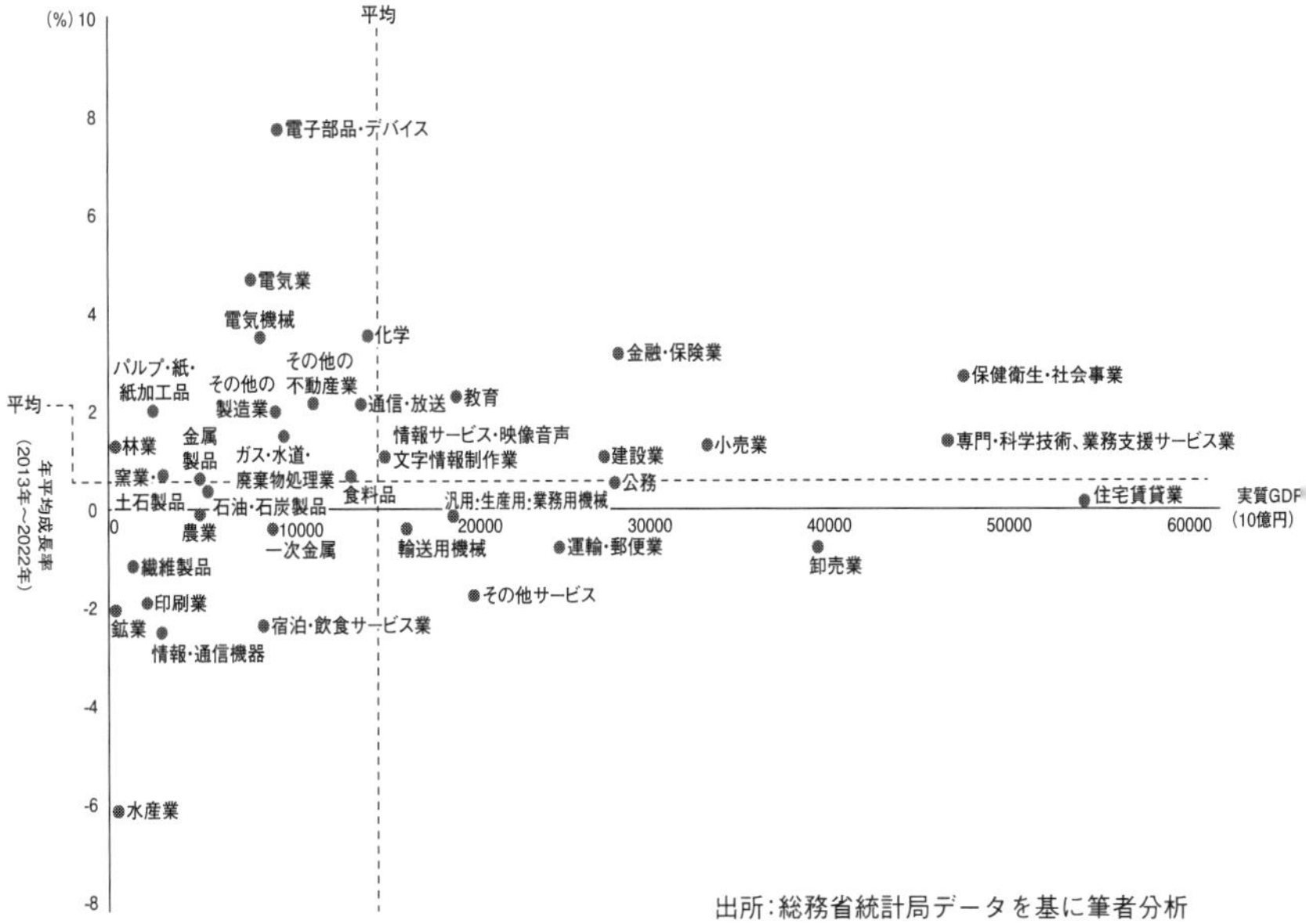

出所:総務省統計局データを基に筆者分析

■高成長が前提となる社会の仕組み

かつての高度経済成長期やバブル期のような「高成長の時代」であれば、居場所をランダムに選んだとしても、その結果がもたらす人生への影響はさほど大きなものではありませんでした。問題となるのは、そのような時代に形成された規範や制度が、この低成長の時代に至って、いまだに数多く残存している、ということです。

例えば「新卒一括採用」という、世界に例を見ない奇怪な採用制度はその典型と言えるものでしょう。

新卒一括採用というのは、言うなれば「候補者に考える時間を与えない仕組み」です。どの組織がいいのか？　どの産業がいいのか？　をじっくり考えるには相応のリテラシーと時間が必要になりますが、新卒一括採用のシステムはその余裕を与えないための仕組みなのです。

経済や経営に関するリテラシーも時間も持たない学生に「とにかく卒業までに就職先を決めなければならない」「卒業に間に合わなければ落伍者のレッテルを貼られる」というプレッシャーを与えることで、選ばれる側の企業は、厳しい評価の目線に長期間晒されることなく、さしたる理由もなく、なかばランダムに応募してきた学生から、自社にフィットしそうな人材を選ぶことができます。

つまり、新卒一括採用というのは、労働市場において企業側に有利な「情報非対称性[1]」を生み出すための巧妙な仕組みなのです。

■「ご縁」に任せられない時代

ある規範やシステムが社会に根付いたということは、その規範やシステムに一定の合理性があったということですが、これは新卒一括採用についても同様に言えることです。

何を言っているかというと、社会全体が足並みをそろえて成長・発展しているようであれば、このようなシステムはむしろ合理的だったと考えられる、ということです。

もし「選択に時間をかけることで得られるリターン」が「選択に時間をかけることで失うロス」よりも小さいのであれば、自分の人生についてあれこれと深く考えるよ

1 取引や交渉において、一方の当事者が他方よりも多く、あるいは質の高い情報を持っている状態

りも、目の前にある選択肢に「ご縁をいただいた」と飛びついて、とにかくそこで頑張るのが合理的な戦略だったということができます。

就職活動では、よく「ご縁」という言葉が使われますが、あらためて考えてみれば、なんとも奇妙な言葉です。

就職先を決めるというのは、本来は人生を決定づける重大な意思決定であるはずなのに、それをさしたる考えもなくランダムに選んでしまえば、そこに「これで本当によかったのか？」という猜疑と負目が生まれることになります。この猜疑と負目は企業にとってネガティブな影響……いま風の言葉を用いて表現すれば「エンゲージメントの低下」を招きますから、これはなんとかしないといけない。

ということで、この猜疑と負目を解消するため、単なる「偶然」によって決まった就職先を、あたかも「必然」であったように思わせたい、そこに何らかの運命的な意味があったのだと思わせたいという心情が、この「ご縁」という言葉によく表れているように思います。

しかし、そのような考え方はもう通用しません。私たちはすでに「ランダムに居場所を選べば成長の期待値はゼロ」という社会、つまり**「選択に時間をかけることで得られるリターン」が「選択に時間をかけることで失うロス」よりも大きい時代を生き**

ているのですから、自分の居場所、さらには人生について、よくよく考えて生きなければなりません。

問題意識②

準備のできていない人たち

ところが、このような状況の変化に対して、私たちはまだあまりにも準備ができていないように思うのです。これが、私がこのタイミングで「人生の経営戦略＝ライフ・マネジメント・ストラテジー」について書こうと思った理由の2つ目です。

キャリアや労働観に関する近年のリサーチは、私たち日本人の多くが、このような時代の到来に対して全く「構え」が取れていないことを示しています。例えばスイスに本拠地を持つ人材サービス企業のアデコが2016年に日本で実施したキャリアに関する調査によると、「将来的なキャリアプランを描いていますか？」という質問に対して、男性の49・1％、女性の42・5％が「特に考えていない」と回答しています。[2]

あるいは同じく人材サービス企業のパーソル総研が2024年に行った調査による

と、「業務時間以外で、将来のために何らかの勉強をしていますか？」という質問に対して、回答者の56・1%が「全くしていない」と答えています。[3]

つまり、日本で働いている労働者のざっくり半分は、自分の将来のキャリアについて考えることなく、将来に備えて自主的な勉強をするわけでもなく、その日その日の仕事をこなしながら、成り行き任せにただ漫然と生きている、ということです。これからやってくるであろう日本の状況を考えれば、これは驚くべきことだと思います。

■だまって俺について来い！

自分の人生について戦略的なパースペクティブを持たない、という思考・行動様式そのものが、まさに成長を前提とした時代の遺物と言えるのかもしれません。なぜなら、かつての高度経済成長期、あるいはバブル期のような時代には、むしろ「考えない」ということが強く求められたからです。

高度経済成長期を代表するコメディアンの一人、植木等の代表曲である「だまって

2 https://www.adeccogroup.jp/power-of-work/vistas/investigation/2016/0817
3 https://rc.persol-group.co.jp/news/202402071000.html

俺について来い」が大ヒットしたのは1964年のことでした。ちなみに、この年の日本の経済成長率はなんと11・7％でした。この数値は、およそ6年で国民の平均所得が倍増するという成長率です。

さて、この曲の歌詞をあらためて確認してみると、一番のド頭は「ぜにのないやつぁ俺んとこへこい！」で始まっており、歌詞の止めは一番、二番、三番ともに「そのうちなんとかなるだろう」で終わっています。

要するに「ぜにはない」けれども「そのうちなんとかなるだろう」と歌っているわけで、全く意味がわかりません。しかし、このようなナンセンスなメッセージを繰り返し訴える歌が、国民的ヒット曲になった時代があったのです。いまの日本で「ぜにはない。けれどもそのうちなんとかなるだろう」などと歌ったら「ふざけるな」と叱責されるのではないでしょうか。

しかし、この時代は、それが正しい思考様式であり行動様式だったのです。平均成長率が11・7％だったということは、一年間、動かずにいれば、世の中全体はそれだけ前に進んでしまう、ということを意味します。つまり、この時代は「選択に時間をかけることで得られるリターン」よりも「選択に時間をかけることで失われるロス」の方が大きかった、ということです。

そのような時代であれば、自分の人生について深く考え、所属する組織や産業についてあれこれと悩むよりも「目の前にある選択肢に飛びついて、そこでとにかく頑張る」ということが、最も合理的だということになります。先述した植木等の大ヒット曲は、そのような時代の心性をよく表していると思います。

しかし、もはやそのような時代は終焉し、そして二度とやってくることはありません。私たちは、自分たち自身の「人生というプロジェクトへの向きあい方」を根本的にあらためなければならない時期に来ているのです。

■「個人が変わる」ことでしか社会は発展しない

もしかしたら経営戦略論を人生に活用するという提案について「成長しない社会でも自分だけは成長したいと考えるのは利己主義ではないか」とか「社会を椅子取りゲームのように捉えており、過度に競争を煽っている」といった批判があるかもしれません。

揚げ足取りのような批判にいちいち応えるつもりもないのですが、私の考え方は真逆で、一人一人が、自分にとってより良いと思える場所を利己的に選択することで、社会はより良い方向に変化し、過度な競争は緩和され、多様な働き方が許容されるようになる、と思っています。

開発経済学の発展に大きな功績を残した経済学者のアルバート・ハーシュマンは、組織や社会などのシステムを健全に機能させるためには「発言と離脱」の2つが重要だ、と指摘しました。ここでいう「発言」とは「間違っていると思うことに対して声を上げる」ことであり、「離脱」とは「間違っていると思う場所や組織から離脱する」ことを意味します。

私たちが所属する組織・社会・国家には、常に何らかの問題が存在するわけですが、これらの問題は、放っておけばそのうちリーダーが解決してくれるようなものではありません。

これらの問題は、社会の構成員である私たち一人一人が、自分の頭で是非について考え、その考えに基づいて「発言」し、場合によって「離脱」することで、初めて改善される、とハーシュマンは言っているのです。

一方で、日本の社会には、不遇な状態にあっても、批判や不満を表に出さず、堅忍不抜をもって、ひたむきに努力を続けることを美徳とするような風潮があります。しかし、ハーシュマンに言わせれば、そのような態度は美徳でもなんでもない、むしろ社会を停滞させる無責任で怠惰な考え方でしかありません。

私たちは自分自身の「人生というプロジェクト」の唯一の責任者であり、リーダーです。そのような立場にある私たちが、自己のわがままに忠実になって「発言」し、「離脱」することによって、最終的には組織や社会にとってもより良い状態が生まれる、と考えるべきなのです。

現在の日本では、何かあるとすぐに政府が悪い、企業が悪いといった批判が巻き起こりますが、社会の衰退は何よりも「個人の活力の喪失」によって起きるということを絶対に忘れてはなりません。

歴史家のアーノルド・トインビーは、彼の主著『歴史の研究』において、社会衰退の最大の要因として「自己決定能力の喪失」というテーマを論じています。最近の日本ではテクノロジー人材の不足やイノベーションの停滞といったことが国力低下の要因のように語られることがありますが、トインビーに言わせれば、そのような理由で衰退した国家・文明は歴史上にひとつもありません。

私たちはまさに「自分で考え、自分で決める」という気概を失い、トインビーの言葉を借りれば「自らのうちの虚ろなもの」にからめとられることによって滅びるのです。

問題意識③

二極化する人生論・キャリア論

さて、改めて確認すれば、高成長を前提とした社会がゼロ成長の時代を迎えつつある中、多くの人々がそのような時代の到来に対して準備ができていない、というのが、ここまでの指摘でした。

ここから、私が本書を書こうと考えた3つ目の理由について述べたいと思います。それは、このような「混乱を極めた状況」に対して、まともな戦略が提案されていないように思える、ということです。特に、いわゆる「人生論」や「キャリア論」と呼ばれる類の論考について、強い違和感が拭えません。

昨今の人生論には二大潮流ともいうべき流派があるように思います。一方の流派のメッセージを端的に表現すれば

残酷な社会ゲームを冷徹に戦って生き残り、経済的・社会的成功を手に入れろ

という考え方です。

いかにもドライかつ現実主義的な主張で、本書ではこのような人生戦略の考え方を「目的達成のためには全ての手段は合理化される」と言った中世の政治学者、マキャベリにならって**「マキャベリ的人生論」**と命名しましょう。

このようなメッセージを訴える書籍は書店にごまんと並んでいますが、ふと横に目をやると、真逆の主張を展開している書籍群も目に入ります。これらの書籍が訴えているメッセージは

経済的・社会的成功の虚像に囚われず、自分らしく生きて本当の豊かさを手に入れろ

という考え方です。

いかにもナイーブかつ理想主義的な主張で、本書ではこのような人生戦略の考え方

を「人間は本来善良なもの、個人の内面的道徳を重視せよ」と言った近世の思想家、ジャン・ジャック・ルソーにならって**「ルソー的人生論」**と命名しましょう。

■「どっちもダメでしょ」が結論

両者は今日のキャリア論、人生論の二大派閥を形成しており、互いが互いを非難し合っている状況ですが、私は「選択肢がこの2つしかない」という状況にどうにも違和感が拭えないのです。

なぜなら、これら2つのアドバイスのどちらかに従って生きたとして、それが充実したキャリア、幸福な人生につながるとは思えないからです。両者にはそれぞれどのような問題があるのでしょうか?

マキャベリ的人生論の問題点は「ゴールの設定」にあります。キャリアに関することれまでの研究の多くは「経済的成功」や「社会的成功」が仮に実現できたとしても、それが必ずしも「幸福な人生」には直結しないことを明らかにしています。ゴール設定に失敗すればプロジェクトは必ず破綻します。そういう意味で、マキャベリ的人生論はそもそも「的外れ」なのです。

一方、ルソー的人生論の問題点は「プロセスの設計」にあります。確かに人生において「自分らしさ」は重要な指標でしょう。しかし「自分らしさ」という目標は、一定の経済的・社会的基盤があってこそ獲得できるものであり、それだけをナイーブに目指して得られるほど「人生というプロジェクト」は容易ではありません。戦略的実現性を欠いた目標は単なる夢想にすぎません。そういう意味で、ルソー的人生論は「甘い」のです。

本書は、これらの2つのどちらの立場にも与しません。なぜなら、プロジェクトのデザインでは「ゴールの設定」と「プロセスの設計」の2つが決定的に重要であり、これは「人生というプロジェクト」についても同様に言えるからです。

■「二律背反」を壊すのがイノベーション

世の中に流布している「2つの生き方」の両方がダメだとすれば、私たちはどうすればいいのでしょうか？　ここでさっそく、経営戦略論の知見を人生に持ち込んでみましょう。

トレードオフにある2つの選択肢が目の前に突きつけられた時、私たちはつい、さしたる考察もなしに、どちらか一方を甘んじて受け入れてしまいがちです。

しかし、経営学におけるイノベーション理論では、一見すると2つしかないトレードオフ、つまり「どちらか（＝OR）の選択肢」を安易に受け入れることを否定し、それらのトレードオフを超克する3つ目のオプション、つまり「どちらも（＝AND）の選択肢」を目指します。

それはすなわち「自分らしく生きる」ということと、「経済的・社会的に成功する」ということの両立を目指す、ということです。

ルソー的人生論ともマキャベリ的人生論とも異なる、この「3つ目の人生論」を言葉にするなら、

自分らしいと思える人生を歩み、経済的・社会的にも安定した人生を送る

ということになります。

本書ではこのような選択肢を、人生の目的を「エウダイモニア＝善き生」におき、その実現のために、極端を避けて「中庸」を重視せよ、と訴えた古代ギリシアの哲学者、アリストテレスに倣って**「アリストテレス的人生論」**と名付けましょう。

図0-3 「アリストテレス的人生」を目指せ

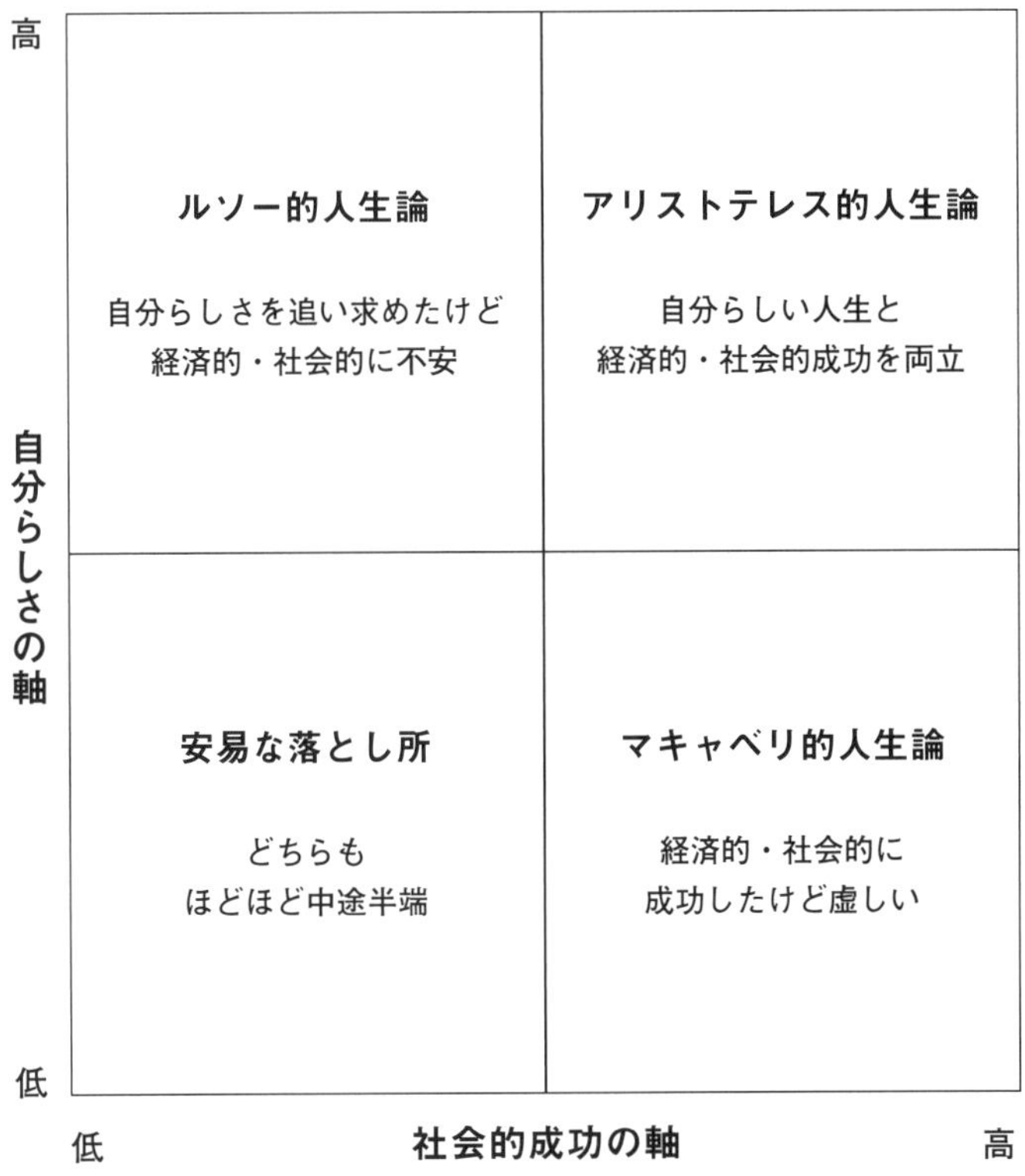

アリストテレス的人生論を実践するためには、一見すると両立の難しいトレードオフを高次元に調停していく知性と勇気が必要になります。そして、そのためにこそ「経営戦略論を活用すべきだ」というのが本書の基本的な立場なのです。

なぜなら、経営は「短期と長期」「コストと品質」「規律と自由」など、「こちらを立てればあちらが立たず」という二律背反と矛盾の塊であり、経営戦略論は、これらの二律背反と矛盾を高次元で調停するためにこそ練り上げられてきたという経緯があるからです。

■蛇のように賢く、鳩のように素直に

もしかしたら、このようなアドバイスを「玉虫色の都合の良いもの」と思われる向きもあるかもしれませんが、同様のアドバイスが世界最大のベストセラー「聖書」の中にも見られます。

新約聖書のマタイによる福音書の中で、イエスは、これから宣教の旅へと向かう使徒に対して次のようにアドバイスしています。

蛇のように賢く、そして鳩のように素直になりなさい。

これほど矛盾に満ちているように思えながら、全体的・包括的な人生戦略のアドバイスはないと思います。前半の「蛇のように賢く」というのは、世の中でよく言われていることや甘言を弄する人に騙されず、自分の頭で考えて判断するための知恵と分別を持ちなさいというアドバイスであり、後半の「鳩のように素直に」というのは、地位やお金といった虚しいものに惑わされずに、自分の中にある美意識や倫理観に素直に従って生きなさいというアドバイスです。つまり、イエスもまた、最愛の弟子を旅立たせるにあたって、一見すると矛盾しているように思える「第三の道」について説いているのです。

私もまた、イエスに倣って、この言葉を皆さんに送りたいと思うのです。

第 1 章

目標設定について

LIFE MANAGEMENT STRATEGY

個別具体の戦略の良し悪しは、それが「目標の実現のために有効かどうか」によって判断されます。したがって「良い戦略」は、その前提に必ず「良い目標」があります。逆に言えば「悪い目標」を立てれば、いかに巧緻を尽くした戦略であっても、プロジェクトは必ず破綻します。ということで、第１章では、個別戦略の前提となる「人生というプロジェクトの目標」について考察しましょう。

01 パーパス
人生というゲームの「基本原理」を押さえる

心は正しい目標を欠くと、偽りの目標にはけ口を向ける。

モンテーニュ『エセー』

では、ここから「人生の経営戦略＝ライフ・マネジメント・ストラテジー」について考察を進めていきましょう。

人生に活用する戦略コンセプトのひとつ目は「パーパス」です。

皆さんもよくご存じの通り、現在、世界的に企業のパーパスを設定する動きが出ています。近年の「パーパスブーム」は、２０１９年に米国の主要企業のＣＥＯから構成される会議体「ビジネス・ラウンドテーブル」が、「企業の目的は株主価値の増大だけでなく、全てのステークホルダーに対して価値を提供することだ」と宣言したことがきっかけとなって始まっています。

経済学者のミルトン・フリードマンが「企業の唯一の目的は利益を創出することである」とする「フリードマン・ドクトリン」を発表したのが1970年でした。その後、この宣言は企業経営者と投資家に広く受け入れられてきたわけですが、以来はじめて「企業の目的」を再考する動きが起きたのです。

世界の企業が「パーパス」というコンセプトに飛びついた理由は明白です。彼らの多くが「自分たちは何のために働いているのか?」「自分たちは何のために存在しているのか?」という実存的な問いに対して答えられない状態になっていたからです。このような状態は人から「生きる意味」を失わせ、ニヒリズム＝虚無主義に陥らせます。

ニヒリズムへの耽落は個人の実存という問題からも由々しき事態ですが、企業経営の立場からも大きな問題となります。従業員がニヒリズムに陥って「何のために?」と悶々と会議室で悩んでいるような組織であれば生産性もへったくれもありません。「意味の喪失」はまた「利益の喪失」も意味するのです。

個人の実存的充実と企業の経済的繁栄をトレードオフのように捉える傾向がありますが、これは全くの誤りです。「最も生産性の高い労働者は最も幸福な労働者である」ということを忘れてはなりません。

■「正しい戦略」は「正しい目標」が大前提

モンテーニュが『エセー』で指摘した通り、私たちは、正しい目標を欠いてしまうと、偽りの目標を設定してしまいます。そして、偽りの目標を設定すれば、どんなに論理的に正しい戦略を設計してもプロジェクトは必ず破綻します。ここに、個別戦略論の是非を云々する前段階として「プロジェクトの目的＝パーパス」について思考する理由があります。

ということで本書では「人生というプロジェクトの長期目標」を次のように設定します。

時間資本を適切に配分することで持続的なウェルビーイングの状態を築き上げ、いつ余命宣告をされても「自分らしい、いい人生だった」と思えるような人生を送る

この定義には3つのポイントがあります。

まず、ひとつ目のポイントが、人生の経営戦略＝ライフ・マネジメント・ストラテジーの検討において、私たちがコントロールできる戦略変数は「時間資本しかない」ということです。

戦略の策定において、戦略変数の見定めは決定的に重要な要件となります。私たちはしばしば、人生を計画する際、他者や組織や社会など、自分ではコントロールできないものを動かそうとして、無用な努力を重ねてしまいます。本書ではこの愚を犯すことを避けるため、自分でコントロールできる戦略変数、すなわち「時間資本」にフォーカスを当てます。

次に、2つ目のポイントが、人生の経営戦略＝ライフ・マネジメント・ストラテジーの検討においては「時間資本をいかに配分するか」が中心的な論点になる、ということです。なぜなら、戦略とはつまるところ

資源配分のアートとサイエンス

だからです。古代に書かれた『孫子の兵法』以来、歴史上あまたの戦略論が唱えられてきましたが、その中心的な課題はつねに「戦略資源をいかに配分するか」でした。私たちが人生を通じて必ず持っている資源は「時間資本」ですから、これをどのように配分するか、が人生の経営戦略＝ライフ・マネジメント・ストラテジーにおける中心的な論点となります。

最後に、３つ目のポイントが、本書で設定するプロジェクトの目的は、「お金持ちになること」でも、「会社で出世すること」でも、「社会的な栄誉を得ること」でもなく、「持続的なウェルビーイングの状態を築くこと」を目指す、ということです。

１９７４年にアメリカの経済学者、リチャード・イースタリンが「所得が一定の水準を超えると人々のウェルビーイングは伸びなくなる」という「イースタリン・パラドクス」を発表して以来、多くの研究が「お金や地位や名誉といったものは一定程度を超えてしまうとウェルビーイングと相関がなくなる」ことを示しています。従って本書では、これらの要素をあくまで「ウェルビーイングを実現するための基本要件」と捉えます。

注意して欲しいのが、この目的設定における「持続的」という要件です。これは何をいっているかというと、本書では「人生の最後にウェルビーイングを実現すればいいい」という考え方を採用しない、ということです。

理由は単純で、私たちは「自分がいつ死ぬか」を知らないからです。「人生の最後」がいつなのか、その時期が確定しない以上、これを目的に設定することはできません。だから「いつか」ではなく「いつも」、つまり「持続的」ということが重要なのです。

■時間資本を別の資本に変えるゲーム

ここまでの定義を図式化すると図1－1のようになります。

スタートポイントは時間資本です。人生のステージの最初の段階、10代から20代にかけての「働き始めの時期」においては、スキルや知識といった人的資本も、信用や評判といった社会資本も、持っていないという人がほとんどでしょう。彼らが持っている資源はただひとつ、それは「ありあまる時間資本」だけです。

この時間資本を、良い学びを得られる「スジの良い学習」や、良い経験を得られる「スジの良い仕事」に投下すると、その時間資本は、知識・経験・スキルといった人的資本に転換されます。

前節において、「成長・発展している場所」と「停滞・衰退している場所」のどちらに身を置くかで、人生には天地の違いが生まれてしまう、ということを指摘しましたが、両者の違いは、この「時間資本を人的資本に転換する効率」の違いによって生まれるのです。

もし、あなたが、自分の時間資本を、濃密で有意義な経験が得られる「スジの良い仕事」に投下するのであれば、投下した時間資本は高い効率で人的資本に転換されることになります。

一方で、この時間をスジの悪い仕事に投下してしまえば、投下した時間資本はそのままドブに捨てることになり、人的資本としてリターンを得ることができません。本書で後ほどあらためて触れたいと思いますが、キャリアの前半のステージで、どのような仕事に取り組むかは、この「時間資本の人的資本への転換」という観点から非常に重要な論点となります。

最近は「手っ取り早くラクに稼げる」という理由で、グレーゾーンすれすれの仕事に手を染めてしまう人が少なくありませんが、そんなことをいくら繰り返しても人的資本の蓄積は進まず、時間が経てば経つほど、人生はますます袋小路の難しい状況に追い込まれることになります。

図1-1 人生というプロジェクトの原理

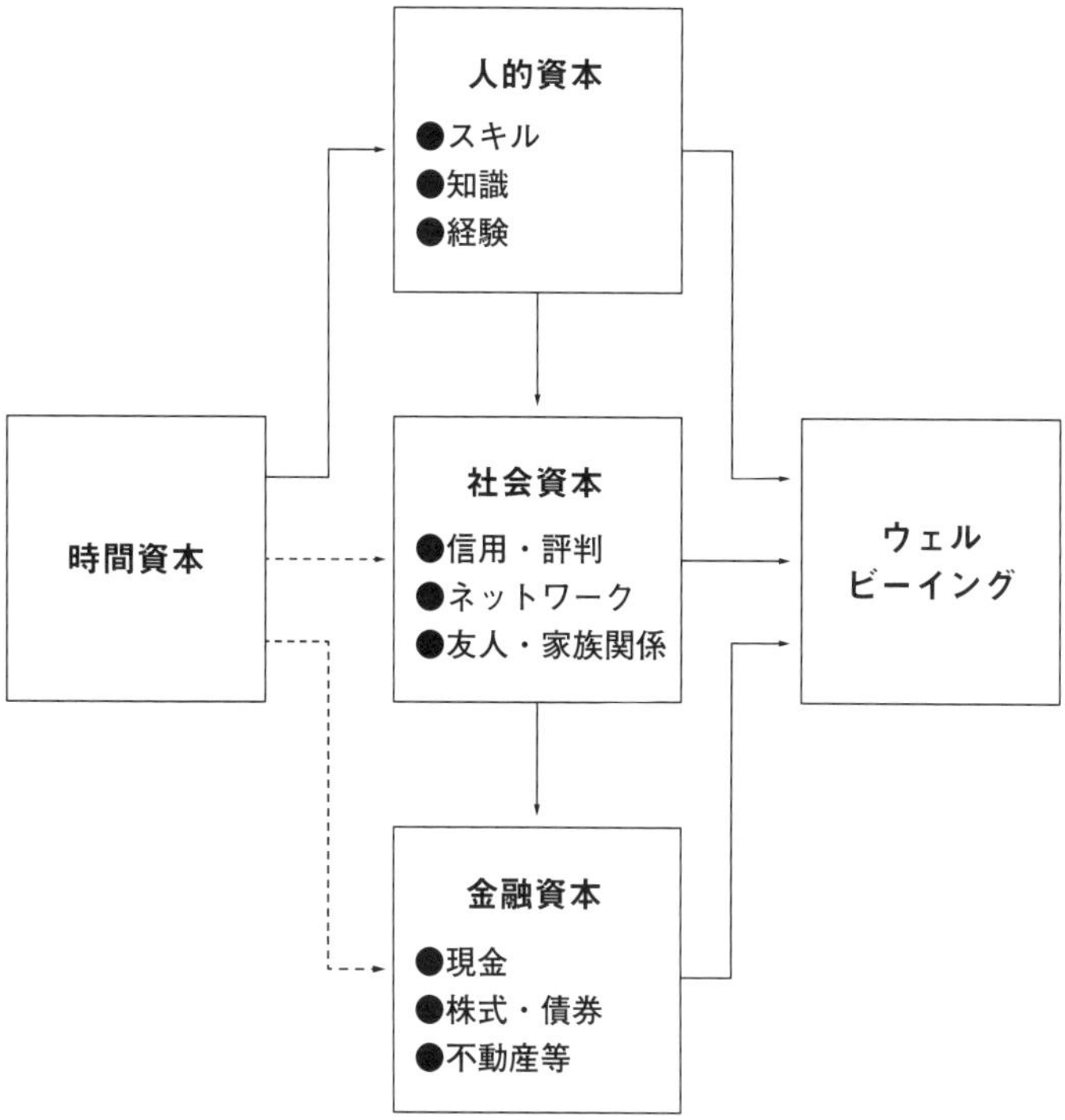

■社会資本は人的資本によって増える

自分の時間資本を良質な経験を得られる「スジの良い仕事」に投下して人的資本が育ってくると、この人的資本が高い水準のアウトプットやパフォーマンスを生み出すことになり、これがやがて「あの人に仕事を頼みたい」「あの人なら間違いがない」といった評判や信用やネットワーク、つまり社会資本を生み出すことになります。

ここでポイントとなるのは、社会資本を生み出すのは人的資本であり、直接的に時間資本を投下しても、社会資本の構築は進まない、ということです。

図中で、時間資本と社会資本を結ぶ線が破線になっていることに注意してください。これが、いわゆる「異業種交流会の不毛」の原因です。この枠組みに沿って説明すれば、異業種交流会というのは、まさに社会資本を形成するために行われるわけですが、社会資本は、人的資本に裏打ちされた高い水準のパフォーマンスやアウトプットによって初めて構築されるのであって、いきなり時間資本をダイレクトに社会資本の構築に投下しても構築できないのです。

この点については私自身についても苦笑してしまうような思い出があります。20代の後半で、まだ「世界ゲームの原理」がクリアに見えていなかった頃のことです。仕事はそれなりにこなしてはいるものの、いまひとつ「自分の人生を生きている」という手応えが希薄で、常に「こんなことをやっていていいのか」という猜疑に苛まれていました。そんな中、諸先輩方の「人脈が大事」という言葉にいいように踊らされ、随分な数の、いわゆる「異業種交流会」に時間資本を投下していたのです。

いまから振り返れば「いきなりスカウトされて要職に抜擢」みたいなことをどこかで夢見ていたのだと思いますが、当然ながら、何の人的資本の裏打ちもない私にそのようなことが起きるわけもありません。最終的には、何度か参加したのち「夢みたいなことを考えていないで、とにかく一歩一歩進むしかない」という当たり前のことを再認識させられたのでした。

■社会資本が金融資本を生み出す

同様のことが金融資本についても言えます。つまり、金融資本を生み出すのは信用・評判・ネットワークといった社会資本であり、社会資本の裏打ちのないままに直接的に金融資本を増やそうとするのは非常に効率が悪い、ということです。

図中で「人的資本と金融資本はつながっていない」という点に注意してください。

これは何を意味しているかというと、金融資本を生み出すのは主に社会資本であって、人的資本は間接的にしか影響しない、ということなのです。

自分の収入を上げるためにスキルや資格を身につけようと頑張っている人からすれば、「そんなバカな」と思われるかもしれませんが、よく考えてみてください。確かに、私たちは自分の能力や知識を労働市場において取引しているわけですが、この際、取引の相手側である雇用者の意思決定を左右しているのは評判や信用といった社会資本であって人的資本ではありません。理由は単純で「人的資本は外側から見えない」からです。

彼らが取引の意思決定で用いているのは学歴や職歴や賞罰といった情報、つまり「人的資本を代理的に表明する記号」であって人的資本そのものではないのです。

これは私たち自身の購買行動を振り返ってみればすぐにわかります。日用品にせよ家電製品にせよ自動車等の耐久消費財にせよ、私たちは商品そのものの物性や性能をつぶさに比較して購入しているわけではありません。多くの人はその製品やメーカーの信用・評判・知名度等を大きな判断材料にしているはずです。見たことも聞いたこともないようなメーカーの製品は、いくら「ちゃんとつくられています」と説明されたところでなかなか買えるモノではありません。

つまり「金融資本を生み出すのはその人の持っている信用・評判・知名度などの社会資本であって、知識・能力・コンピテンシーなどの人的資本ではない」ということです。これはキャリアを考える上で非常に重要な点であるにもかかわらず、多くの人が誤解している点です。

■資本には2種類ある

さて、ここからウェルビーイングと3つの資本の関係について考察していきます。まず初めに押さえておいていただきたいのが、人的資本と社会資本には、

仕事をする上で役に立つ資本
人生を豊かにしてくれる資本

の2つがあるという点です。

例えば人的資本について言えば、前者は、財務や会計やマーケティングの知識やスキルといった「仕事をする上で役に立つ資本」であり、後者は、ピアノやギターといっ

た楽器、セーリングやサーフィンといったスポーツ、カメラや絵画といった芸術、料理やワインといった趣味などの「人生を豊かにしてくれる資本」のことです。

注意しなければならないのは、こと最終的なゴールである「ウェルビーイングの実現」ということに関して言えば、前者の「仕事をする上で役に立つ資本」は、「社会資本の形成」や「金融資本の形成」を通じて、間接的にしかウェルビーイングの実現に貢献しないのに対して、後者の「人生を豊かにしてくれる資本」は、直接的にウェルビーイングの構築に貢献してくれる、という点です。

この点をしっかりと意識しないと、時間資本を「仕事をする上で役に立つ資本」の構築だけに偏って投下してしまうという致命的なミスを犯してしまう恐れがあります。

■「お金を稼げなかった人」「出世できなかった人」が「失敗者」なのではない

オーストラリアのホスピスで緩和ケアを長らく務めたブロニー・ウェアは、末期を迎えつつある患者が、しばしば口にする後悔が

・あんなに働かなくても良かった
・友人関係を続けていれば良かった

の2つであると指摘しています。

この後悔を先ほどのフレームに当てはめてみれば「あんなに働かなくて良かった」という後悔は「時間資本を仕事に傾斜させすぎた」という後悔であり、「友人関係を続けていれば良かった」という後悔は、時間資本を「仕事をする上で役に立つ社会資本」に傾斜させすぎたという後悔であることがわかります。死の床にある人が最後に懐かしむのは会社員時代の役職や銀行の預金残高ではなく、家族や友人と楽しく過ごした時間についての思い出なのです。

ブロニー・ウェアの指摘は、私たちに「失敗者の定義」を再考するきっかけを与えてくれます。ウェアの指摘を踏まえれば、「失敗者」とは、「お金を稼げなかった人」や「出世できなかった人」なのではありません。失敗者とは「働き過ぎてしまった人」「仕事ばかりに時間を使って家族や友人との楽しい時間を過ごせなかった人」のことなのです。

■ウェルビーイングと3つの資本の関係

ここまで、時間資本を適切に投資することで人的資本が生まれ、人的資本が社会資本を生み出し、社会資本が金融資本を生み出すということを説明してきました。では、これらの資本とウェルビーイングにはどのような関係があるのでしょうか?

ウェルビーイングに関する研究はまさに百家争鳴の体を成しており、何がウェルビーイングを実現するための鍵なのかについても、さまざまな意見がありますが、それらの研究を俯瞰して、最大公約数となる要素を抜き出せば、次の3つに整理することができると思います。

①自己効力感

自分に能力があり、何か意義のあることにそれを十分に活かすことで成長できているという実感、誰かの役に立つことで自分もまた高めているという実感を持っていること。

②社会的つながり

職場や取引先から信頼・信用されているという実感、コミュニティ内の知人や友人や家族と友愛的・親和的な関係を築けているという実感を持っていること。

③経済的安定性

経済的に安定しており、多少のことがあっても通常レベルの生活を維持していくのに不安がないという実感を持っていること。

ここまで読まれて鋭い読者の方は気づかれたでしょう。そう、この3つはそれぞれが人的資本・社会資本・金融資本に対応しているのです。ここで時間資本がやっとウェルビーイングに接続されました。

特に注意が必要なのが、ともすれば「キャリア論」において、大きくフォーカスが当たりがちな「金融資本」は、ウェルビーイングを生み出すための一要素にしか過ぎない、ということです。

確かに、現在の日本においてウェルビーイングの状態を実現しようとすれば、一定水準の金融資本が必要なことは確かです。しかし、金融資本は一定の水準を超えてしまうとウェルビーイングの実現に貢献しないということがわかっています。さらに指

図1-2 3つの資本とウェルビーイングの関係

自己効力感	●自分に能力があるという感覚 ●自分のことを自分で決定し、人生をコントロールできるという感覚 ●自分が役に立っているという感覚	**人的資本** ●知識 ●スキル ●経験　等
社会的つながり	●仕事面で他者から信頼されているという感覚 ●地元コミュニティの友人や家族と建設的で友愛的な人間関係を築けているという感覚	**社会資本** ●信用 ●評判 ●つながり
経済的安定性	●経済的に安定しているという感覚 ●何かあったとしても基本的な生活ニーズに不安がないという感覚	**金融資本** ●現金 ●資産

摘すれば、多くのウェルビーイングに関する研究は「豊かな社会資本＝友人や家族との関係性」が最も幸福実感に貢献することもまた明らかにしています。

もし、そうなのであるとすれば、私たちは、**金融資本を過度に追求することで「人的資本」や「社会資本」の形成をなおざりにしてしまい、本当の意味での「人生の敗者」になってしまう**愚を厳に戒めなければなりません。

しかし、これがなかなか難しいのです。金融資本の誘惑は常に強力で、私たちはともすれば、3つの資本の優先順位を忘れ、金融資本の形成に自分の時間資本を過度に傾斜させてしまうという愚行を犯してしまいます。

重要なのは、世間でもてはやされているような「成功のイメージ」の虚像にとらわれず、自分にとって本当に大事なものは何か？　という論点を常に「人生というプロジェクト」の中心においてぶらさないことです。

■「時間泥棒」に自分の人生を奪われないために

ミヒャエル・エンデの小説『モモ』には、人から時間を奪う灰色のスーツを着た「時間泥棒」が登場し、それまで十分幸福に暮らしていた人たちから時間を奪っていきます。このとき、彼ら時間泥棒が訴えたのは「愛する家族や隣人のために無為に使っている時間資本を切り詰めて貯蓄に回せば、あなたはお金持ちになれますよ」という提案でした。これはまさに「人生を豊かにしてくれる資本」のために注いでいた時間を、金融資本を築くためだけに集中して使ってはどうか、という提案なのです。そして、この提案を受け入れた人たちは、自分でも気づかないうちに、かつて実現していたウェルビーイングの状態をどんどん破壊していってしまうのです。

では「灰色のスーツを着た男たち」に時間を奪われないために、私たちはどうすればいいのでしょうか？　**答えはただひとつ、「自分にとって本当に大事なもの」「自分が本当に実現したいこと」を意識して時間資本の配分をマネージするしかありません。**

これを怠ってしまえば、私たちの人生は、社会のそこかしこを跳梁《ちょうりょう》跋扈《ばっこ》している時間泥棒に容易にハックされてしまい「自分が本当に望んでいること」ではなく、「時間泥棒が望んでいること」に時間資本を使うようになってしまいます。こうなってしまったら、いくら精緻な「人生の経営戦略」を立てても意味がありません。

なぜ、この点をここまで強調するかというと、この教訓が私自身の失敗に根ざしているからです。先述した通り、私は、30代の半ば頃から自分の人生に経営戦略論を持ち込むということを始めたわけですが、その結果、当初起きたことは「設定した目標がことごとく実現するのに全然ハッピーにならない」という困惑させられる事態でした。

いまから思えば、当時の私が手に入れようとしていたものは、自分自身が心から望んでいたものではなく、周囲の他人を羨ましがらせるものであったように思います。何のことはありません、私にとっての時間泥棒は「私自身」だったということです。

読者の皆さんは、どうか私と同じ轍を踏むことのないよう「自分の人生にとって本当に大事なこと」を意識しながら、ここから続く「人生の経営戦略」の各論を検討してもらえればと思います。

第 2 章

長期計画について

LIFE MANAGEMENT STRATEGY

人生は非常に長い期間にわたるプロジェクトですが、不思議なもので「忙しい、忙しい」と過ごしているうちに、あっという間に終わってしまうものでもあります。

ということで、ここではマーケティング、経営戦略論、キャリア論などの領域からの考察を引きながら、人生における長期計画を考えてみましょう。まずはマーケティングにおけるライフ・サイクル・カーブからです。

02 ライフ・サイクル・カーブ

超長期の「プロジェクトロジック」を持つ

考えた通りに生きなければならない。さもないと生きた通りに考えてしまうから。

ポール・ブールジェ

企業や製品が導入期、成長期、成熟期、衰退期といった異なるステージを経るのと同じように、私たちの人生もまた異なるステージを遷移し、それぞれのステージで求められる思考・行動様式は変わってきます。

本節では、マーケティングにおけるライフ・サイクル・カーブの理論を人生の戦略に適用することを考えてみましょう。**ライフ・サイクル・カーブとは、企業・製品・サービスが市場において、どのような推移を辿るかを示すもの**で、一般的には図2－

図2-1 ライフ・サイクル・カーブの４つのステージ

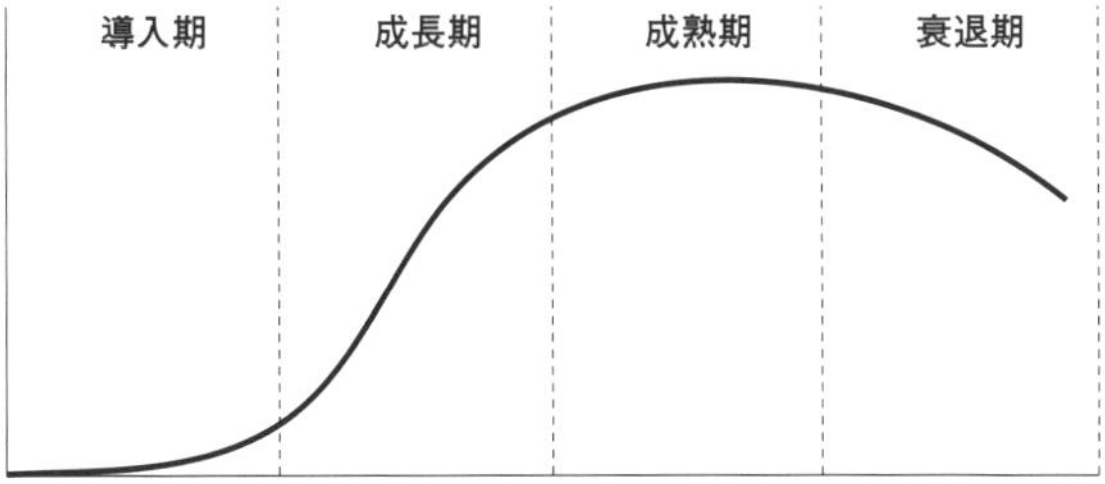

	導入期	成長期	成熟期	衰退期
売上成長率	低	高	低	マイナス
投資額	多	多	少	マイナス
利益	少	増加	多～少	少
競合	少	増加	多～少	少

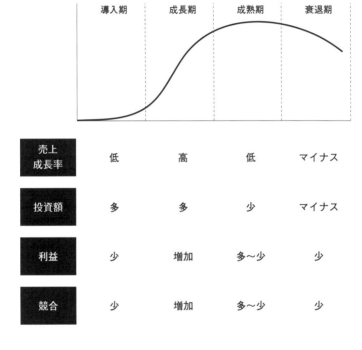

1のように概念化されます。

導入期

製品が初めて市場に投入される段階。製品の開発コストやマーケティング費用が高く、利益が出にくい。また市場に受け入れられるかどうかについては、高度の不確実性が伴う。

成長期

製品・サービスが市場で受け入れられ、売上が急増する時期。競合他社が参入してくるため、差別化が重要となる。シェアは短期間で大きく変動し、価格競争が始まることもある。

成熟期

市場が飽和し、売上の成長が鈍化する時期。製品やサービスも完成・成熟しており、大きな変化が生まれない。市場が成長しないため、シェア争いが激化する傾向があり、往々にして価格競争も発生する。

衰退期

需要が減少し、売上が低下する時期。新しいテクノロジーの出現や消費者の嗜好の変化によって製品やサービスが陳腐化する。新規市場への進出やイノベーションが求められる状況。

■人生には「春夏秋冬」がある

ここではまず、自分自身の人生をライフ・サイクル・カーブに当てはめて、人生の全体像を大掴みしながら、各年代のステージに応じて変化していくゲームをイメージしてみましょう。

前節では「私たちはいつ死ぬかわからない」と指摘しましたが、とはいえ、現在の日本を前提にすれば、私たちは平均で80歳+まで生きることになります。ということで、ここでは平均的な寿命を、いったん80歳+とおいて、先述したライフ・サイクル・カーブの概念に当てはめてみましょう。すると、おおよそ人生を次の4つのステージに整理できることがわかります。

図2－2｜人生の４つのステージ＝春夏秋冬

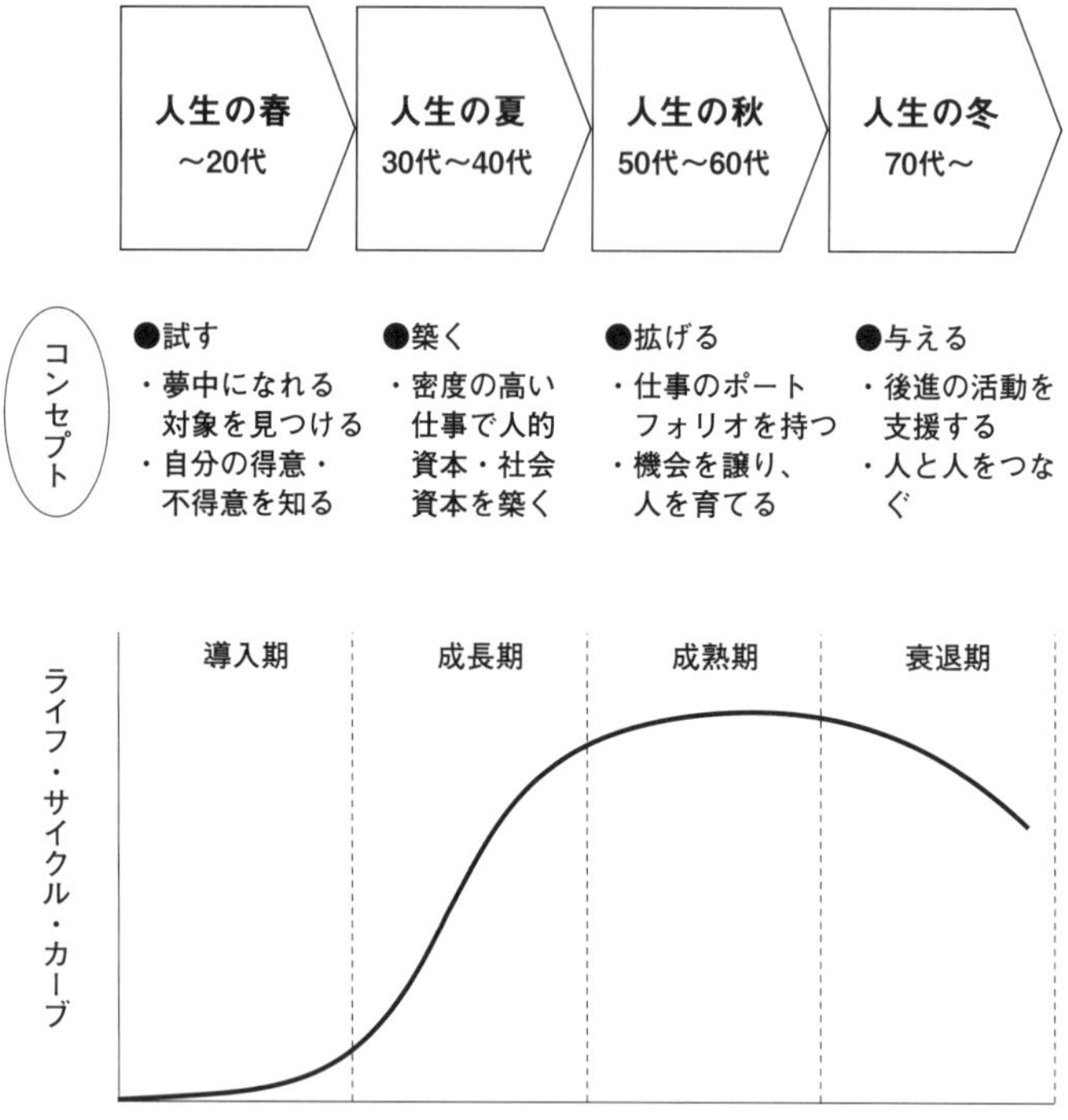

ライフ・サイクル・カーブにおける「導入期」に該当するのが「人生の春」です。

子ども時代・学生時代から30歳前後くらいまでがこのステージに該当します。**「人生の春」のキーワードは「試す」**です。さまざまな物事に取り組む過程を通じて、自分は何が得意で何が不得意なのか、何に情熱を感じて何にシラけるのか、を理解し、次のステージにおいて追求するべき方向性やテーマを見つけるのが、この時期の主題ということになります。

次に、ライフ・サイクル・カーブにおける「成長期」に該当するのが「人生の夏」です。

年齢的には30歳前後から50歳前後くらいまでがこのステージに該当します。**「人生の夏」のキーワードは「築く」**です。「ここ」と決めた領域に自分の時間や労力といった資源をレーザーのように集光させ、その領域で知識・スキル・経験といった人的資本と、信用・評判・ネットワークといった社会資本を築いていき、人生の「秋」「冬」以降の下地をつくることが、この時期のテーマということになります。

次に、ライフ・サイクル・カーブにおける「成熟期」に該当するのが「人生の秋」です。

年代的には50歳前後から70歳前後くらいまでがここに該当することになります。

「人生の秋」のキーワードは「拡げる」です。「人生の夏」において築いた人的資本と社会資本を足がかりにして、本業以外のさまざまな領域に仕事のポートフォリオを拡げ、次にやってくるステージである「人生の冬」へのトランジットをスムーズかつ実り豊かなものにするための仕込みをします。

最後に、ライフ・サイクル・カーブにおける「衰退期」に該当するのが「人生の冬」です。

年代的には70代以降がここに該当することになります。「冬」と聞けば、それはいかにも寒く、寂しいように感じるかもしれませんが、そんなことはありません。「冬」はとても美しく、また人の温もりが感じられる季節でもあります。**「人生の冬」のキーワードは「与える」**です。これまでの人生で培ってきたさまざまな経験によって結晶化された知恵を基に、後進にアドバイスを与え、活躍の機会を与え、成長につながるフィードバックを与える賢者のイメージです。

■ステージは目安。「早すぎる」「遅すぎる」はない

ここでひとつ、注意を促しておきたいと思います。

この整理はあくまで凡例的なものであり、個人のライフ・マネジメント・ストラテジーによって各ステージの内容や年齢は大きく変わってくることになります。

例えば、30代の半ばまで、さして人生について考えることもなく生きてきた人が、あるタイミングで「生きることを考える」ようになれば、そのタイミングから「人生の春」を始めるということもあり得るでしょう。そうなれば、まずは本業としてなんらかの仕事に携わりながら、これからの人生で追求していくべきことを探索することが最初のステップとなるわけで、このようなケースでは年齢と各ステージの対応関係は標準モデルとは大きく変わってくることになります。

現実の世界では、例えばキャリアの前半期は金融の世界で活躍したのち、40歳を過ぎてからプロの画家になることを選んだゴーギャンのような人がいますし、キャリアの前半期は聖職者とオルガニストとして活躍したのち、40歳を過ぎてから医師としての活動を始めて巨大な業績を残したシュバイツァーのような人物もいます。

彼らが生きた時代は平均寿命が60歳に届かない時代でしたが、特に寿命が大きく伸長している現在のような社会では、ある程度の年齢に差し掛かってから「人生の春」をもう一度繰り返すという「人生の二毛作」のような生き方も十分にあり得ると思います。

ということで、繰り返せば、このライフ・サイクル・カーブによって提示されたステージと年齢の関係は、あくまで標準的な目安でしかなく、このフレームをもって「早すぎる」とか「遅すぎる」といったことを考えてしまう必要は全くないということです。

■洞察①　季節に応じて「合理的な振る舞い」は変わる

ライフ・サイクル・カーブの4つのステージに応じて、超長期にわたる「人生のプロジェクトロジック」を考察することで大きく3つの洞察が得られると思います。

ひとつ目の洞察が「ステージに応じて適切な振る舞いは変わる」ということです。

例えば、一般に「あれこれと試すばかりでどうにも腰が据わらない」という状況はネガティブに語られがちですが、「人生の夏」以降に本腰を入れて極める領域を見つけるためには、その前段となるステージの「人生の春」においては、むしろ積極的にいろんなことを試してみて、自分が夢中になれること、自分が他人より得意なことを見つけることが重要、ということになります。

一方で、何かに集中して取り組むことで人的資本や社会資本を蓄積するべき「人生の夏」において、あれこれと中途半端に試すばかりで腰が据わらないというのは、ちょっとまずい状態だ、ということになります。

つまり、何を言っているかというと、どのような考え方・構え方・動き方が適切なのか、あるいは不適切なのかというのは、その人のライフ・ステージによって全く変わってくるということなのです。

ところが、世の中には、例えば「石の上にも三年」とか「継続は力なり」といったことわざや訓言が数多くあり、当人の戦略や文脈と関係なく、常に守られるべきもののようにしてしばしば語られます。**人から思考や行動の自由度を奪う言葉のことを「呪い」というわけですが、これらの言葉は、まさに「呪い」となって、その人の人生から戦略的自由度を奪っていく**ことになります。

経営において選択肢＝オプションの縮小は最も避けるべき悪手ですが、これは人生の経営戦略＝ライフ・マネジメント・ストラテジーの実践においても同様です。私たちの社会には「〇〇すべし」とか「〇〇すべからず」といったことわざや訓言が数多くありますが、これらは「呪い」となって私たちの人生から思考と行動の自由度を奪うものが多いので注意が必要です。

しかし、では、どうすれば、私たちは世に蔓延る「呪い」から自由になることができるのでしょうか？　「考えることによって」というのがその答えになります。自分の頭で考えて、誰がどう言おうと、自分にとって合理的だと思える人生の全体像＝マスタープランを描くことができれば、世に蔓延する戯言に惑わされることなく、自分の足で大地を踏みしめるようにして人生の戦略を実行していくことができるでしょう。

■洞察②　ステージの遷移に応じて「役割や貢献」も変わる

人生をライフ・サイクル・カーブの４つのステージに分割して考察することで得られる２つ目の洞察が、「人生はステージに応じて役割や貢献が大きく変わる」ということです。チャートを一覧すれば、各ステージにおけるフォーカスと、そのステージでの役割や働き方が大きく変わっていくことに気づくでしょう。これらの役割や働き方は、それぞれが異なる知識やスキルを求めますから、当然ながらステージを移っていくごとに、私たちは新しい人的資本や社会資本を構築することが求められます。

逆にいえば、**ステージが変わっているにもかかわらず、従前のステージの働き方や生き方を継続していれば、やがては環境が求める役割や期待を満たすことができなく**

なり、その人の社会資本は毀損《きそん》されていくことになります。

皆さんの周りにも、20代は上司からの覚えもめでたく、同期のエースとして眩しいような大活躍をしていた人が、その後のステージに入ってからはパッとしないという人がいるでしょう。

あるいはその逆に、20代はパッとしなかったのに、その後のステージに入ってから急激に頭角をあらわすような人もいるでしょう。なぜそういうことが起きるかというと、ステージに応じてゲームの種目が変わり、そこで求められる人的資本・社会資本が変化するからです。

この「役割や貢献のシフト」には、社会的な条件と身体的な条件の2つが絡んでくることになります。社会的な条件というのは、組織や社会における職位や期待される役割の変化のことであり、身体的な条件というのは体力や知力の変化のことです。

例えば組織内における位置付けや期待役割ということで言えば、典型的には、20代の「人生の春」を現場のスタッフとして、30代から40代の「人生の夏」を現場のリーダーとして、そして50代から60代を「組織のリーダー」として働くことが求められるわけですが、これらの役割にはそれぞれ異なる思考・行動様式が求められるため、特に「期待される役割がシフトする時期」に停滞してしまうことが多いのです。

先述した通り、危機＝クライシスというのは往々にして「つなぎ目」で起きるわけですが、人生においても、これらの変化によって起きる「キャリアのつなぎ目」で、私たちは大きな失敗をしてしまいがちなのです。

■知的生産性のピークは40代？

同様のことが「身体的な変化」についても言えます。具体例を挙げて考えてみましょう。一般に、私たちのアイデアを出す力＝流動性知能は、20歳前後でピークを迎え、その後、年を経るごとに急速に低下していくことがわかっています。アスリートが明確にフィジカル面での「人生におけるピーク」を持っているのと同様に、知的生産に関わる私たちにもまた「人生におけるピーク」が存在し、しかもそれは一定程度、予測が可能なのです。

カリフォルニア大学の社会心理学者、ディーン・キース・サイモントンは「知的生産に関わる職業」に就く人々のキャリアの生産性を統計データとして集計・分析し、平均的には20年目前後に生産性のピークを迎え、その後は急速に低下していくというモデルを提示しました。

図2－3 「知的生産に関わる職業」に就く人々のキャリアの生産性

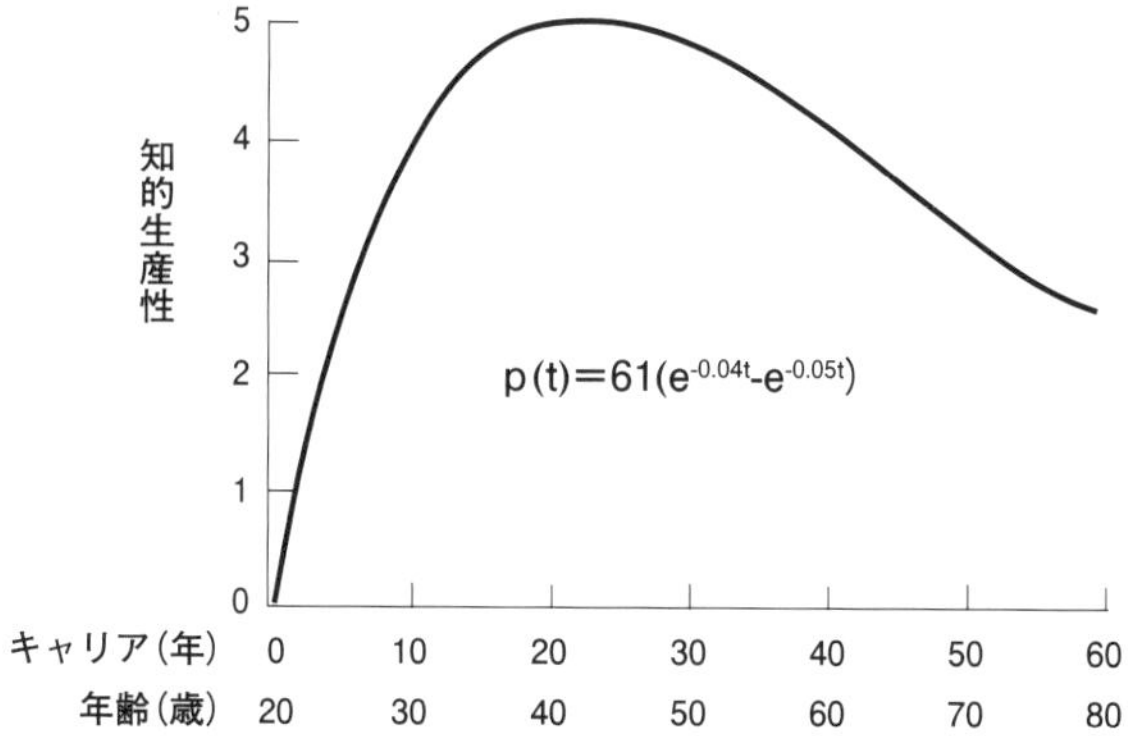

出所：https://www.semanticscholar.org/paper/Age-and-Creative-Productivity%3A-Nonlinear-Estimation-Simonton/d81bc4308ac6058c63c28bba6c65aa34595ef6fc
アーサー・C・ブルックス『人生後半の戦略書』SBクリエイティブ、2023年

つまり、20代の半ばでキャリアをスタートさせた人であれば、40代の半ばから後半……つまり、本書の枠組みで言えば「人生の夏」の後半期に、減衰が始まるということです。よく言われる、「中年の危機」は、この知的生産能力の減衰と大きな関係があります。

フロイトと並んで分析心理学の確立に多大な貢献をしたカール・グスタフ・ユングは、彼の著書『心理学と錬金術』において、40代を「人生の正午」という美しいメタファーで表現しました。ユングによれば、人生におけるこの時期は、人生において太陽が最高点に達する眩しい瞬間であると同時に、それはまた「日が昇るプロセス」から「日が沈むプロセス」へと移り変わる寂しい瞬間でもあるのです。

ユングによるこの比喩は、40代が、個人の人生における重要な転換点であることを象徴的に示していますが、サイモントンの研究結果は、ユングの指摘に対するデータ的な裏付けを与えるものだということもできるでしょう。

このような話をすると、すでに「人生の夏」の後半、あるいは「人生の秋」以降のステージに入っている人はガックリするかもしれません。筆者自身がすでに「人生の秋」に思いっきり突入しているので気持ちはよくわかるのですが、ここはいったんクールになりましょう。

というのも、サイモントンの指摘を多少は割り引いたとしても、いずれにせよ加齢によって訪れる変化が避けられないものである以上、その変化を踏まえずに考えられた戦略や計画は必ず破綻するからです。

であれば、私たちは、むしろ避けられない変化をポジティブな契機として捉えて、それをしなやかに取り込むような戦略や計画を考えるべきでしょう。

■人生の後半では「異なる知性」を活用する

さらに指摘すれば、加齢によって訪れる変化はネガティブなものだけとは限りません。先述した通り、人間は中年期に入ると前頭前皮質の働きが低下し、素早い分析や創造的な発想＝流動性知能は低下していきますが、既知の概念を組み合わせたり、複雑な概念を他者にわかりやすく表現したりする能力、結晶性知能の水準は逆に向上するということがわかっているからです。

本書ではのちに、「人生の秋」以降のステージに入っている人たちに求められる組織や社会における役割として、後進に機会を与え、育て、支える「サーバントリーダーシップ」について取り上げますが、このリーダーシップスタイルを発揮するためには高い水準の結晶性知能が求められます。

つまり、私たちは人生のステージにおいて、それぞれの得意・不得意を持っており、ステージの遷移にしたがって、それらの変化を意識的に使い分けていくことが重要だということです。

これは多様性の問題として捉えることができます。昨今、多様性といえば、真っ先に「女性活躍」ということになり、これはこれでもちろん大事なテーマではあるのですが、多様性にはさまざまな軸があり、年齢というのもそのひとつだということを忘れてはなりません。

私たちは一般に、どのような領域であれ、経験年数が増えることで全般的な能力や知識が高まっていくというイメージを持っていますが、ことはそう簡単ではありません。

流動性知能と結晶性知能についてだけ考慮しても、若年者と年長者では「強みと弱み」が補完関係にあるわけですから、これを多様性という観点から捉え、双方が得意なことをやって補い合うような社会や組織が、これからやってくる社会では求められます。

■洞察③「長期の合理」が大事

最後に、人生をライフ・サイクル・カーブの4つのステージに分割して考察することで得られる3つ目の洞察が、人生では「短期の合理より長期の合理が大事」ということです。これは経営戦略論の核心に関わる話です。

優れた戦略とはしばしば「短期的に見ると不合理に見えるのに、長期的に見ると合

理的」であり「部分で見ると不合理に見えるのに、全体で見ると合理的」なわけですが、これは人生の戦略についても同様に言えることなのです。

どういうことでしょうか？

例えば、20代以前の「人生の春」において、「ああでもない、こうでもない」と腰が据わらずにいろんなことを試しては止めるという人を見ていれば、誰だって「この子は大丈夫かな？」と思うはずです。なぜなら、短期的に考えてみれば、とにかく何かの仕事に打ち込むことが、本人の成長（＝人的資本の獲得）や、信用の形成（＝社会資本の獲得）という点では合理的だからです。

しかし、もし当人が「30代以降の「人生の夏」において、思いっきり追求する領域を決めるために、敢えて20代は的を絞らずに、いろんなことをやってみる」という戦略的な視点を持って、同様の行動をしているのだとすれば話は全く違ってきます。周囲からみれば非合理的に見える行動も、本人の長期的な計画からすれば合理的な行動になりうる、ということです。

過去の成功者の経歴を振り返ってみれば、多くの人が、人生の途中で、周囲からすれば「短期の不合理」に見えることを行い、それが後になってみれば、きちんと「長期の合理」として意味付けられていることにも気づかされます。

スティーブ・ジョブズは、20代の半ばまで、大学でカリグラフィーを学んだり、インドにグルを探しに行ったりと、周囲からすれば完全に迷走としか思えないような過ごし方をしていますが、のちにそれらの経験を全て「アップルの経営」に活かすことができたと語っています。

これらの迷走が結果的にあとで大いに経営に貢献したのは、ジョブズの長期計画によるのではなく、単なる偶然に過ぎないと指摘することもできますが、私たちの人生が完全に計画できるものではない以上、私たちは「あいまいな予感」のようなものに導かれることで「短期の非合理をあえて犯す」ことも必要だということです。

あるいは建築家の安藤忠雄は、プロボクサーとして挫折をしたのち、世界中を旅して歴史的な名建築の数々を見て回っていますが、こちらもまた同様に、周囲の人からみれば「アイツはいったい何をやっているんだ?」と思われたのではないでしょうか。しかし、感受性の鋭い20代のうちに五感の全てを活用して世界中の名建築を舐めるようにして味わったという経験が、生涯を通じて建築家としての創造性に大きく影響していることを考えれば、これもまた「短期の非合理」が裏返って「長期の合理」になっている例と言えるでしょう。

■「短期の合理の罠」に陥っていないか？

このように考えていくと「短期の合理の罠」に陥っているのは、「普通の生き方」にとらわれてしまっている私たち大多数の方なのかもしれません。

私たち日本の社会では、大学在学中に企業の内定を取り、卒業と同時に名のある組織に入って働き始めるのが「勝ち組」とされています。在学中に内定がもらえない、卒業してから働く口がないというのは、一般に「就活の敗け組」とされ、無為に時間を過ごしてしまうことは、それこそ「非合理的だ」と考えられています。

しかし、本当にそうなのでしょうか？　むしろ、さしたる人生経験もなく、企業や産業を評価するリテラシーもないままに、下手をすれば一生いることになる企業を「新卒一括採用」と呼ばれる、世界でも類例のない奇怪な制度に依存して選んでしまうことの方が、よほど非合理的だという考え方もできるでしょう。

私たちは「自分がどのような活動に夢中になるのか」、「どのようなことが他人より得意なのか」を、先見的に知ることができません。その人が最もその人らしい個性を発揮して活躍できる場所を、先見的に知ることができないのであれば、色々と試してみて結果を検証するというアプローチは非合理的どころか、逆に極めて合理的だと言えないでしょうか？　ところが「長期計画のロジック」が見えていない人からすると、同じ行動を目にしてもその意味するところがわからず、場合によっては、そのような行動は叱責や批判の対象になってしまうのです。

平均的な寿命を前提にすれば、私たちの「人生というプロジェクト」は80年にわたって展開される超長期のものとなります。**このような長期の営みを「短期の合理」に歪められて繰り返していれば、本書で設定した「持続的なウェルビーイングを実現する」という目標の達成はおぼつかないでしょう。**

ライフ・サイクル・カーブの全体像をイメージして、人生という超長期のプロジェクトのゲームプランを俯瞰的に描くことで、世間で言われる「短期の非合理」に流されずに、自信と忍耐を持って日々のプロジェクトを推進することができるのです。

■早すぎる成功は危険？　ピアニスト二人の対照的な人生

この「短期の合理と長期の合理」という点について考えた時、いつも思い出してしまう二人のピアニストがいます。

一人は米国のヴァン・クライバーン、そしてもう一人がイタリアのマウリツィオ・

ポリーニです。この二人の対比は「あまりにも人生の早い時期に名声を得てしまうと、その後のキャリアを台無しにしかねない」ということを鮮やかに見せてくれます。

1958年、当時東西冷戦の真っ只中にあったソ連で開催された第一回チャイコフスキーコンクールで、満場一致で優勝したのが米国のピアニスト、ヴァン・クライバーンでした。

この時、クライバーンは弱冠23歳。東西冷戦下のこともあり、凱旋帰国したクライバーンは熱狂的と言っていいブームを巻き起こし、一夜にして米国の英雄になります。

この直後にクライバーンがリリースしたチャイコフスキーのレコードは、ビルボードのアルバムヒットチャートの1位になりますが、クラシックのレコードがビルボードの1位にランクインしたのは、後にも先にもこのクライバーンのレコードだけですので、いかに当時の「クライバーン・フィーバー」がすごかったかがうかがえます。

ところが、このクライバーンは、この直後から全世界を駆け回って過密スケジュールでコンサートをこなし、短期間に莫大な報酬を稼いだものの、じっくりと時間をかけて音楽性を深める時間が取れなかったために、ピアニストとしては結局、大成しませんでした。

クライバーンは、まさに「短期の合理」を優先したことによって「長期の不合理」を犯してしまったのです。

一方のマウリツィオ・ポリーニは、クライバーンよりもさらに若い18歳で、1960年のショパンコンクールに優勝します。この時、審査委員長を務めていたルービンシュタインから「審査員の誰よりも、すでに演奏テクニックという点では上」と評価されるほどに、そのテクニックは際立っていました。

さて、弱冠18歳で国際的な名声を獲得したポリーニですから、さぞや華々しい20代を送ったのだろうと思いきや、さにあらず。ポリーニは、ショパンコンクールで華々しいデビューを飾った後、十年ほど、表立った演奏活動からは遠ざかって半ば隠とんしてしまいます。

このあいだにポリーニは、大学で物理学を学んだり、ピアニストのミケランジェリに師事したりと、すでに世界最高水準にあったテクニックに加えて、人間としての幅、あるいは音楽性を深めるための研鑽を続けたのです。

その後、ポリーニが満を持して国際的な演奏活動を開始し、レコードを出したのが1971年、つまりコンクールで優勝してから11年後のことでした。

以後、ポリーニは着実にピアニストとしてのキャリアを積み重ね、2024年に亡くなるまで、長いこと「世界最高のピアニスト」という不動の評価を得ていました。

ポリーニがショパンコンクールで優勝した後、ポリーニの国際的な名声を利用して、金儲けをしてやろうという人が後を絶たなかったであろうことは想像に難くありません。勉強やピアノの練習の時間を演奏活動に投下していれば、短期的に巨万の報酬が得られたでしょう。しかし、ポリーニはそれを敢えてせず、経済的報酬の伴わない活動に、20代のほとんどの時間を費やしたのです。

ポリーニが実践してみせた「人生の経営戦略」には、先述した「短期の合理は長期の不合理」「短期の不合理は長期の合理」という示唆が多分に含まれているように思います。

03 キャズム
兆しを捉え、時期尚早で動く

「機会」を待て。しかし「時期」を待ってはならない。
ミューラー

前節では、ライフ・サイクル・カーブのコンセプトを人生の長期計画の策定に活用することを提案しました。今節では、マーケティング・コンサルタントのジェフリー・ムーアが提唱した「キャズム」のコンセプトを取り上げ、ライフ・サイクル・カーブにおける「タイミングの問題」について考えてみましょう。

経営戦略を議論する際には、よく「WHAT＝何を？」や「HOW＝どうやって？」という論点に焦点が当てられがちですが、実は**「WHEN＝いつ？」という論点は前**

者と同等、いやそれ以上に重要です。

個人にも組織にも「やっていることはそれほど間違っているわけではないのに、今ひとつパッとしない」ということはよく見られますが、概して「タイミングが悪い」というのが原因であることが少なくありません。

キャズムのコンセプトは、この「タイミング」という問題を考えるにあたって、好適なフレームワークを提供してくれるのです。

図3－1を見てください。これは、先述したライフ・サイクル・カーブに則って、市場がどのようにして新しい概念や商品を受け入れるかを図示したものです。それぞれの顧客像は次のように整理されます。

イノベーター（約2・5％）

新しい技術や製品に興味があり、リスクを恐れず積極的に取り入れる層

アーリーアダプター（13・5％）

先見性があり、新しい製品が持つ可能性を評価し、自らの利点になると判断すれば採用する層

図3-1｜キャズムとは「ここを超えれば市場が爆発的に拡大する」溝

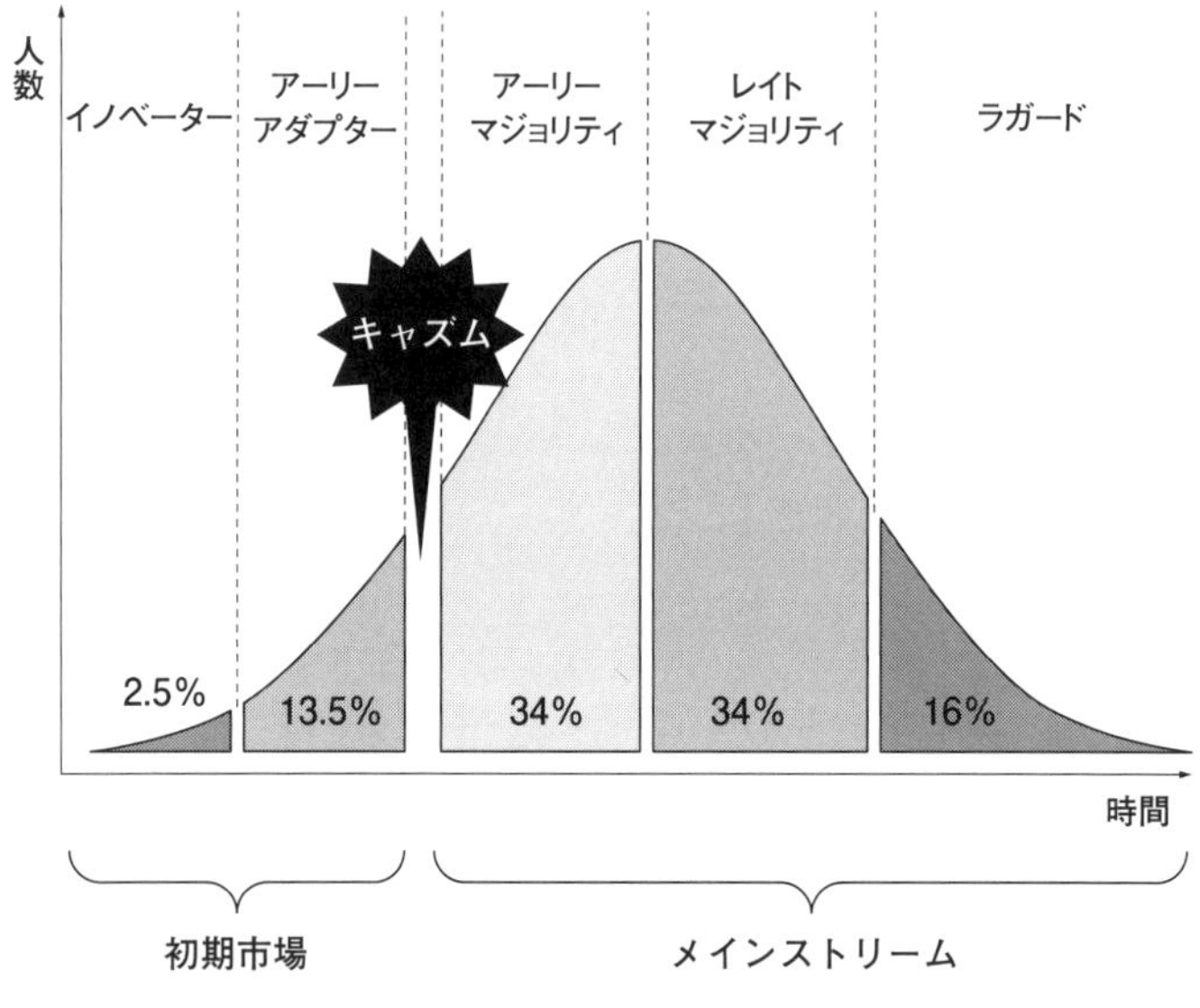

アーリーマジョリティ（34％）

実績を重視し、他者の成功を確認した上で採用する保守的な層

レイトマジョリティ（34％）

安定を好み、周囲の多くが利用してから採用を決める慎重な層

ラガード（16％）

最後まで新しいものを避ける、伝統的で保守的な層

市場や社会は、一様に新しく登場した商品・サービス・概念を受け入れるわけではありません。まずは、新しいものに抵抗感の少ないイノベーター層によって採用と受容が進み、時間をかけて順繰りに、少しずつ保守的な人々へと浸透していき、やがて社会全体へと浸透することになります。

キャズムとは、この浸透プロセスの初期段階において、特にアーリーアダプターとアーリーマジョリティのあいだ、市場浸透率で16％前後のところに存在する「溝」の

ことです。なぜ、この「キャズム＝溝」が重要かというと、ここを超えると市場が一気に拡大する、と考えられているからです。

■ 2割を超えると「相転移」が起きる

少し横道に逸れますが、このキャズムは、マーケティングにおける市場浸透以外の、はるかに広範な領域に適用できる射程の長い概念だと思います。例えば企業変革の際、新しいビジョンや戦略コンセプトを、企業全体に一気に浸透させようとしてもなかなかうまくいかないことが多いものです。

このようなケースで重要なのは、変革に前向きな1割程度の人々に働きかけ、彼らをつなぎ合わせ、言うなれば「変革ネットワークの密度」を高めていくことが重要なのです。そして、この密度が、組織全体の2割程度を超えたとき、一気に全社的な組織変革のムードが高まるというのが、私の経験です。

システムの変化は時間と比例的に起きるわけではありません。この「2割の壁を超えると一気に変化が起きる」というのは、さまざまな領域において観察されるということは念頭に置いておいて良いと思います。

■「キャズム前」に参入したヤフー、楽天、サイバーエージェント

キャズムを超えたプロダクトやサービスが、そこから一気に世の中に普及するということは、「キャズムの直前のタイミング」を捉え、そこで勝負に出た組織や個人は、非常に大きなアドバンテージを得ることになります。この点について具体的に考察するために、日本におけるインターネットビジネスの歴史を振り返ってみましょう。

図3－2を見てください。これは、日本におけるインターネットの世帯普及率の推移を示す統計グラフです。

この図によると、日本では1996年からインターネットが普及し始め、キャズムとされる16％を超えたのが1999年だった、ということになります。

このキャズムのタイミング以前に参入を果たしていたインターネット企業を挙げると

1996年：ヤフージャパン
1997年：楽天
1998年：サイバーエージェント

図3-2｜インターネット世帯普及率の推移

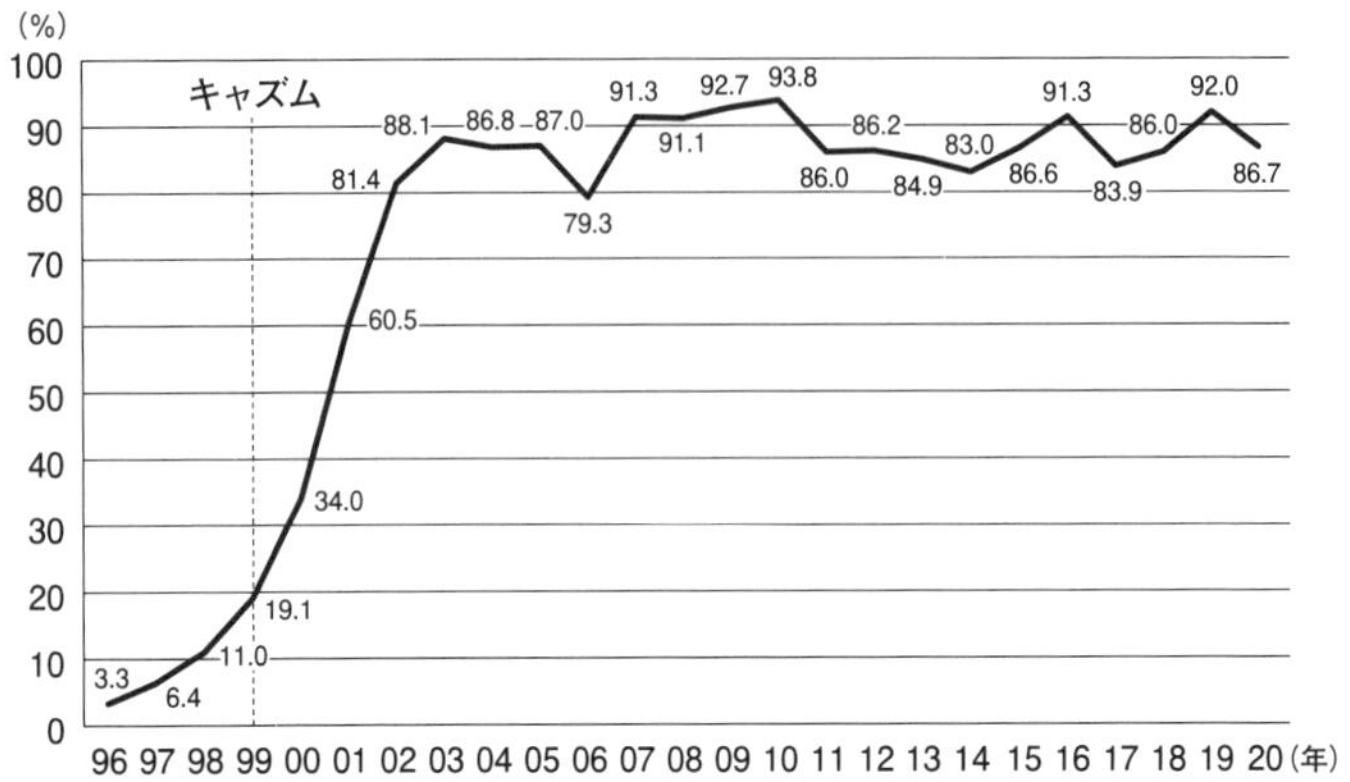

出所：総務省情報通信政策局「通信利用動向調査報告書」

の3社となります。

「日本を代表する」という枕詞をつけて語られるネット企業の3社が、共に「キャズムの直前」に市場参入を果たしているのは偶然ではありません。これらの企業は「市場が爆発的に拡大する直前」に市場参入を果たしたからこそ、後発で参入した企業と比較して、はるかに優位な状況で事業基盤を築くことができたのです。

■成長市場が「爆発的に成長している期間」は「一瞬」

図3－3を見てください。これは、日本におけるインターネットの世帯普及率

図3-3｜インターネットの世帯普及率の伸長率

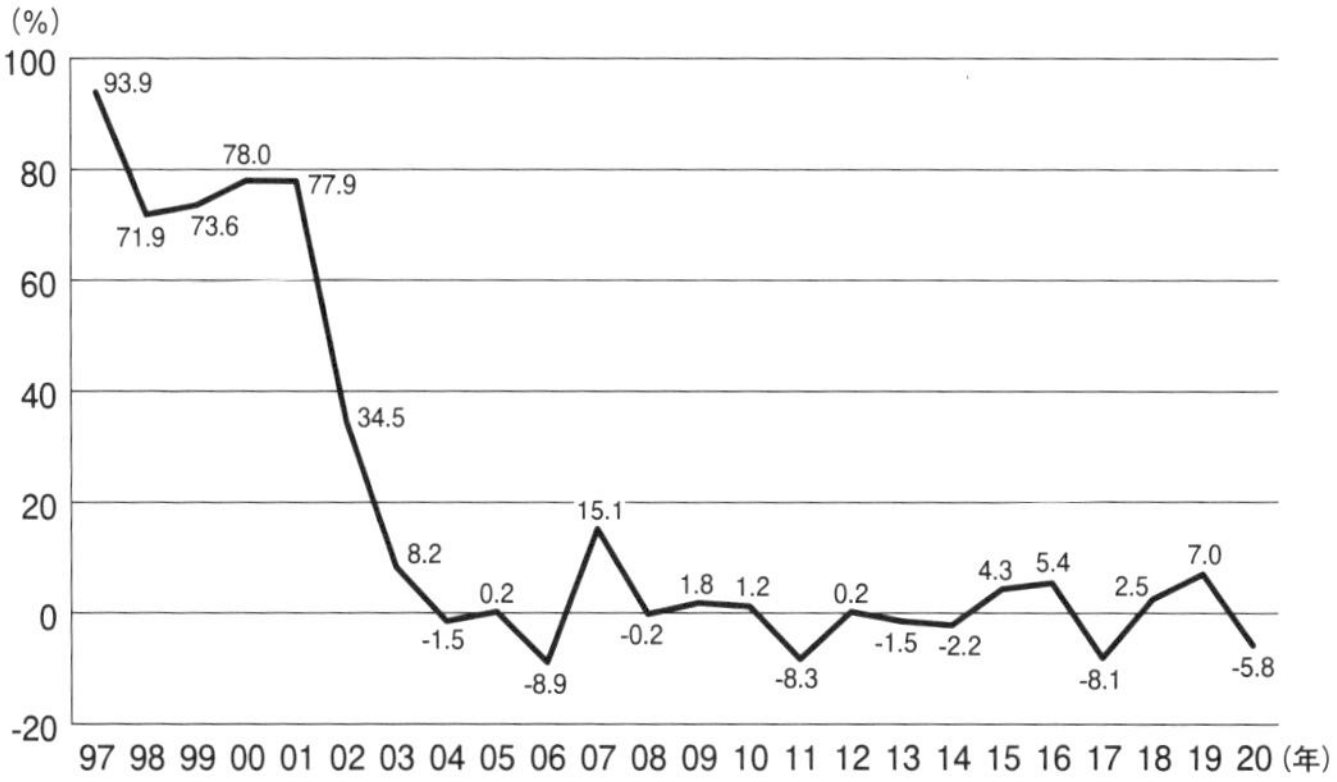

出所：総務省のデータを基に筆者作成

の伸長率を時系列のグラフにしたものです。

このグラフを見ると、90年代から00年代初頭にかけて、平均80％近い率で浸透率が伸長していたのが、02年以降に急ブレーキがかかっていることがわかります。

私たちはよく「成長市場」という言葉を何気なく使いますが、**成長市場が本当に「爆発的に成長している期間」というのは、実は「一瞬」**と表現しても良いほどに短い期間でしかないのです。だからこそ、この「一瞬」を捉えることができた企業と、捉えることができなかった企業とのあいだで、大きな差が生まれるのです。

■「時期尚早」でなければ勝てない

新規事業を検討する際、よく「時期尚早である」という反論がなされます。しかし、ここまで見てきた日本におけるインターネット市場の歴史を踏まえれば、**むしろ誰もが「時期尚早である」と考えるタイミングで大胆な意思決定をしなければ、キャズム前後の「一瞬」を捉えてアドヴァンテージを得ることはできない、とも言えるのです。**

私自身の記憶を辿れば、インターネットが爆発的に社会に浸透した1990年代の後半、インターネット事業を検討した企業は少なくありませんでしたが、多くの企業では「時期尚早である」として判断を保留し、ソフトバンクの孫正義やアマゾン創業者のジェフ・ベゾスのように「千載一遇の機会を捉える」という意思決定ができなかったように思います。

しかし、これはなかなか責められるものではありません。孫正義が社運を賭してインターネットビジネスへの参入を決定したのは1995年前後で、この頃はまだ政府の統計すら準備されていない時期だったのです。改めて確認すれば、1996年時点でのインターネットの世帯普及率はたったの3・3%でしかありませんでした。

いまから考えれば信じられないことですが、当時は電通の社内にも「インターネットは日本では流行しない。そのうち必ず消えてなくなる」と冷ややかに構えている人が少なからず存在したのです。

コンセンサスを重視する日本企業の意思決定の仕組みを踏まえれば、懐疑派が根強く反対するような状況では、なかなか大胆な意思決定ができません。結局、懐疑派が絶滅するのは、インターネットの普及率が50%を超えた2001年から2002年にかけての時期で、ここからさまざまなインターネットビジネスが始まるわけですが、前述した通り、この時点から市場浸透率の伸長には急速なブレーキがかかっており、新規参入者は血みどろのレッドオーシャンにダイブすることになってしまったのです。

■とはいえ「早すぎる」のも問題

これを逆に言えば、市場調査などのエビデンスが揃う頃には、すでに勝敗は決している、ということなのですが、では「早ければ早いほど良いのか?」というと、そうでもないのが難しいところです。

例えば、インターネットの場合、1990年代の後半に創業して大きく育った会社が目立つ一方で、1990年代の前半に創業した会社がひとつもないということに注意してください（ソフトバンクは1980年代の創業ですが、元々はソフトウェアの流通と出版が主幹事業でネットに進出したのは1996年のヤフージャパンが最初です）。

これはつまり、はっきりした兆候が目に見えるまで待っていたら手遅れだけれども、市場の胎動が始まる前に動き出してもうまくいかない、ということです。

誰の目にも「来る」ということが明らかになってから取り組んだのでは手遅れだけれども、だからと言って、早すぎるタイミングで飛び出しても波に乗ることはできない、ということなのです。この辺りは実にサーフィンの感覚に似ていますね。

■「微分のレンズ」で社会の変化を捉える

では、どうすればいいのでしょうか。放り出すようなアドバイスですが、それには「兆しを捉える」しかありません。ものごとの大きな変化が顕在化しているわけではないのだけど、そのような大きな変化が起きる兆候がすでに表れている、その兆候を捉えることでしか、キャズムのタイミングを把握することはできないのです。

この「兆し」を捉えるためには**「変化率」**と**「コア人材」**の2つに着目することが重要です。順にいきましょう。

まずは「変化率」です。アマゾン創業者のジェフ・ベゾスは、1990年代の初頭、ヘッジファンドに勤務していましたが、そこで「インターネットの市場成長率は2300%」とするレポートを読んで衝撃を受け、非常に恵まれた待遇であったにもかかわらず、このヘッジファンドを退職してアマゾンを創業します。このエピソードはよく知られていますが、特に印象的なのが、このときにベゾスが見せた「身も蓋もない焦り方」です。

ベゾスは1994年にヘッジファンドを退職し、拠点をニューヨークからシアトルに移したのち、一年後の1995年にはアマゾンのウェブサイトを公開しています。会議室にふんぞり返りながら「時期尚早である」として、貴重な時間を無為に垂れ流した多くの日本の経営者とは対照的に、非常に短期間で事業を立ち上げているのです。ベゾスは、なぜかくも性急に事業の立ち上げをやろうとしたのでしょうか？

本書をここまでお読みいただいた読者にはもうおわかりでしょう。そう、ベゾスは、このタイミングが、まさに「市場が爆発的に成長する一瞬」であることを見抜いていたのです。ではなぜ、ベゾスはこの点に気付けたのでしょう。

ポイントになるのが、ベゾスが衝撃を受けた「2300%」という数値です。多くの人は、事業性を評価する際、市場の規模や顧客の数など、その時点での「市場や社会の断面図」に意識を向けがちですが、ベゾスが注目したのは「変化率」……数学の用語で言えば微分値なのです。

これはベゾスに限らず、優れた経営者にしばしば共通してみられる特性ですが、彼らは、「微分のレンズ」とでもいうべき視点で社会の変化を捉えているのです。これは「キャズムのタイミング」を捉える上で非常に重要な視点です。

■「コア人材」に着目して「兆し」を捉える

「兆し」を捉えるための2つ目の着眼点が「コア人材」です。

これまでに数多くのスタートアップの創設に関わってきたY Combinatorの共同創設者、ポール・グレアムは、この「兆しの捉え方」について、次のような指摘をしています。

予測は無視して、人に着目すること。

私たちは、物事の趨勢がどちらとも決めかねる時、つい安易に予測に頼ってしまいがちですが、グレアムに言わせれば、テクノロジーに関する長期予測は当たったためしがなく、これに頼っていれば必ず趨勢を読み誤ることになります。

では、何に頼ればいいかというと、グレアムは「人に着目せよ」といっています。ここでいう「人」とは、あるジャンルにおいてコアの中核にいる人々のことです。彼らの言動や話題を観察することで、これから先、何がやってくるかを捉えることができる、と言っているのです。

このグレアムの指摘が、たいへんわかりやすい形で表れているのが、YouTube への投資の局面です。

いまから考えればにわかには信じ難いことですが、実は YouTube は初期の資金確保に大変苦労した企業で、ベンチャーキャピタルからは200回以上も出資の要請を断られています。実は、それ以前に登場した動画共有プラットフォームはことごとく失敗しており、それを知っている投資家たちは、「また二の舞を演じるのではないか」と、YouTube への投資に対して、非常に慎重になっていたのです。

少し横道に逸れますが、YouTube の成功もまた「タイミングの問題」として考えると興味深い洞察が得られるように思います。それまでの動画共有プラットフォームがことごとく悲惨な失敗となったことから、多くの投資家はYouTubeへの投資に対して及び腰になったわけですが、回線スピードの向上や録画品質の向上といった環境面での変化が起きたことで、それまで非常にスジの悪いビジネスだった動画共有プラットフォームが、ある時期から持続可能なビジネスに変わったのです。ここにもまた「タイミングの問題」が大きく関わっているということがわかるでしょう。

さて話を元に戻せば、そのような最中、名門ベンチャーキャピタルであるセコイアキャピタルが、YouTubeへの投資を決定します。彼らはどうやって、それまで失敗続きだった動画共有プラットフォームの延長線上にあるYouTubeの可能性を見極めたのでしょうか?

それこそ「人に着目することによって」というのが答えです。セコイアキャピタルのパートナーであるロエルフ・ボータは、YouTubeとは全く関係のない他のスタートアップへの出資を検討するために出席したミーティングで、そのミーティングへの参加者が休み時間中にYouTubeを見て、盛んに会話しているのを目の当たりにし、そのポテンシャルの大きさに気がついてYouTubeへの投資を思いついた、と話しています。彼らはまさに、人に着目することによって「兆し」を捉えたのです。

ソフトバンクの孫正義は、しばしば「未来は偏在している」と語っています。私たちは、暦の上では同じ年の同じ月日を生きているわけですが、世界のある特定の場所には、これからやってくる未来がすでに出現しつつある場所がある、ということです。その場に身を置き、そこにいる人々が何を話題にし、どのように振る舞っているかに着目することで、これからやってくる未来の「兆し」を捉えることができる、と言っているのです。

04 適応戦略

想定外の出来事をチャンスとして取り込む

みんな計画を持っていたよ。俺のパンチを顔面に喰らうまではね。

マイク・タイソン

ここまでは、ライフ・サイクル・カーブのコンセプトに基づいて人生のマスタープランを俯瞰的に描くことの重要性について説明しましたが、とはいえ人生は超長期にわたるゲームであり、想定外のことが次々に起きて進路変更を余儀なくされることは当然に起きます。

したがって、ライフ・マネジメント・ストラテジーの実践においては、超長期の全体的な方針を常に持ちながら、発生した想定外の出来事を避けるのではなく、むしろポジティブに取り込んで方針そのものを成熟させていくことが求められます。これを戦略論の概念として表現すれば、人生は「適応戦略的ゲーム」だということになります。

適応戦略とは、企業や組織が、固定された戦略や計画に固執するのではなく、事業推進にともなって立ち現れてくる機会や脅威に適応するために、柔軟に対応し、資源配分を調整することで目標を達成するという考え方です。

適応戦略の重要性を最初に指摘したのは、マギル大学の経営学者、ヘンリー・ミンツバーグでした。ミンツバーグは、マイケル・ポーターに代表されるポジショニング理論があまりにも固定的で静的であり、予測できない変化がさまざまに起こる今日の企業環境には適用しにくいと批判し、そのカウンターとなる戦略コンセプトとして適応戦略の重要性を訴えました。

ミンツバーグの問題意識は、私たち個人のライフ・マネジメント・ストラテジーにもそのまま当てはまります。人生は非常に長い期間にわたるプロジェクトであるため、初期段階でいくら精緻にポジショニング戦略を構築しても、さまざまな偶発的なできごとによってその戦略は大きな変更を、場合によっては破棄することを余儀なくされます。

これらの偶発事象を避けることができない以上、私たちは、それら偶発事象による戦略や戦術への影響を最小化することを考えるよりも、むしろ想定外の偶発事象を計画へと取り込み、戦略や戦術を進化させることを考えるべきです。

■計画の策定・実行・修正を織り交ぜる

では、具体的にどのようにして適応戦略を人生に取り込んでいけるのでしょうか？ポイントは「計画と実行をない混ぜにする」ということです。適応戦略に関するコンセプトを聞けば「戦略↓実行↓評価↓適応」というメカニカルなステップをイメージしがちですが、実際の適応戦略はそのような秩序だったものではなく、それら全ての要素が同時進行的に起きているというイメージに近いのです。

スタンフォード大学教授のキャスリーン・M・アイゼンハートとベナム・N・タブリージが、米国、欧州、アジアのコンピューターメーカー36社による72の製品開発プロジェクトに関する調査を行ったところ、イノベーティブなプロダクトやサービスを生み出すことに成功したチームほど、計画段階にかける時間が少なく、実行段階にかける時間が長い傾向があることが判明しています。[4]

私たちは一般に、事前の計画が、さまざまな可能性について仔細に考慮され、綿密で詳細なものであればあるほど、プロジェクトはスムーズに進むと考えてしまいがちですが、実証研究の結果はその真逆で、事前の計画に時間を費やせば費やすほど、プロジェクトの進行は遅くなり、プロダクトやサービスの競争力も低下するという結果が出ているのです。

成功したプロジェクトチームは、仮説に基づいて大まかな計画を一気に作った上で、プロジェクトの進行に従って明らかになっていく仮説の検証結果に従って、その場その場で新しい計画を策定し、それに乗り換えていったのです。言うなれば、プロジェクトの実行過程全体にプロジェクトの計画と修正を溶かし込んでいるのです。

当初想定した仮説が間違っていることは、長期にわたるプロジェクトでは往々にして起こりうることです。思っていたよりもコストがかかる、想定していたほど顧客から支持されない、競合企業が似たようなポジションのサービスを打ち出してきた……このようなことがさまざまに起こるからこそ、計画と実行をない混ぜにした即興型チームの方が、市場での成功率が高かったのです。

4 キース・ソーヤー著／金子宣子訳『凡才の集団は孤高の天才に勝る』ダイヤモンド社、2009年

同様のことが私たちの「人生の経営戦略＝ライフ・マネジメント・ストラテジー」についても言えます。私たちは自分が何に夢中になり、どのような強みを持っているかを先見的に知ることができません。つまり、**私たちの人生は「膨大な仮説の集合体」としてまずはスタートし、その仮説をひとつひとつ検証し、破棄・修正することでしか前に進んでいけない、ということなのです。**であるとすれば「いかに早い段階で仮説を検証し、戦略を修正できるか」が重要な論点となってきます。

■「想定外」を逆手に取れ

私たちは、当初想定した戦略や計画がうまくいかないことを「失敗」と考えてしまいがちですが、これは捉え方次第のところがあります。なぜなら「想定した戦略や計画がうまくいかなかった」ということは「想定した仮説の誤りが検証された」とポジティブに捉えることができるからです。

逆に、むしろ危険なのは、当初想定した戦略や計画にかたくなにこだわるあまり、想定外の事態を受け入れられなくなってしまうことです。先述した通り、私たちの人生は膨大な仮説の集合体としてスタートしていますから、検証が滞れば、いつまでたっても戦略は脆弱なままで堅牢性が増しません。

私たちの人生は、社会・組織・個人の状況の変化によって、必ず想定外の大きな影響を受け、計画や戦略は修正を、場合によっては破棄を余儀なくされます。これらの影響を事前に想定することができない以上、適応戦略は必須に求められるものではあります。

自己の「人生の経営戦略＝ライフ・マネジメント・ストラテジー」に固執するのではなく、想定外の機会や状況変化に対して開かれた、しなやかな姿勢を持つことが適応戦略を実践する上での鍵となります。

■山口自身の適応戦略

適応戦略についてこうやってあらためて書いていると、自分の人生もまた適応戦略の連続であったことがあらためて思い出されます。

本書冒頭に記した通り、私自身は広告代理店からキャリアをスタートしています。当時のキャリア・ビジョンは「人生の前半はＣＭプランナーとして活躍し、後半はさまざまな領域でクリエイティブ・ディレクションに関わりたい」というものでした。

こうやってあらためて文字にしてみると赤面を禁じ得ません。

この目論見は、入社から数年後には脆くも崩れ去ることになります。というのも、自分の考えたCMの企画やコピーがことごとくNGとなって採用されないのです。

当時の私は自分にクリエイティブの才能があると勘違いしていますから、当初は「おかしいな、なんで自分の企画は採用されないのだろう」といぶかしんでいましたが、流石にこれが数年も続けば「どうやら自分にはセンスがないらしい」ということはわかってきます。

そもそもクリエイティブの仕事がやりたくて電通に入社したのに、どうもそちら方面には才能もセンスもないということがわかってきた……さてこれはどうしたものか、と途方に暮れていた暮れのある日、さる出来事がありました。

クライアントのテレビ広告に視聴者からクレームが入ったということで、クライアントの宣伝担当取締役と電通側の顧客担当取締役も入った大規模な会議が開催され、そこでクレームへの対処策が議論されたのです。

クライアント側は役員を筆頭に宣伝部員が全員出席しています。電通側も役員を筆頭に、担当チームが全員出席しています。当時、入社5年目だった私は末席に連なっていましたが、議論は主に役員と部長がリードしており、私自身は、夜に予定していた友人との飲み会に遅れたくないので「早く終わらないかな」と思いながら、その議論をぼんやりと聞いていました。

ところが、この議論がいつまで経っても堂々巡りの迷走を抜けられないのです。しばらくは傍観者的に議論を聞いていた私ですが、会議が数時間に及び、いよいよこれ以上かかると友人との待ち合わせに遅れてしまいそうだという時、しびれを切らして会議室の中央にあるホワイトボードのところに歩み出て、次のように議論を仕切りました。

「ここまでの皆さんの議論を図に整理するとこういうことになりますね。すると結局のところ3つの対応策しかないということになります。ひとつ目の対応策については現時点ではデータがなく、効果検証できないので、これはクライアントさん側でデータ収集してください。2つ目の対応策については、電通側のデータが必要になりますので、今週中に整理しておきます。3つ目については、ひとつ目、2つ目の効果シミュレーションが出ないと、比較・決定ができないので、来週にデータを持ち寄って、最終的な意思決定をするということでどうでしょう？　はい、良さそうですね、では今日の会議はここまでということにしませんか？」

いきなり、それまで議論に参加していなかった若造がズカズカと大会議室の中央に出てきて会議を仕切ったわけですから、上司はヒヤヒヤものだったと思いますが、どうもこの提案は参加者全員にとって納得感のあるものだったようで、その会議はそれで本当にお開きになったのです。

さて翌日です。私自身は、クライアント企業の役員を前にして慇懃無礼とも取られかねない仕切りをしたことから、注意を受けるだろうなと覚悟して出社したところ、案の定、着席しようとしたところを部長から「ああ山口、局長が呼んでるぞ」と言われ、暗澹たる気持ちで局長室を訪れたところ、あにはからんや「いやあ山口、お前の昨日の会議の仕切りはすごかったなあ、あの後で役員の○○さんからもお礼のご連絡をいただいたぞ」と褒められたのです。

私としては「こんなことは誰がどう見たってすぐにわかるだろう」と思っていたことですから呆気に取られるような思いです。

結局、これがきっかけとなって、それ以来、クライアント企業で議論が紛糾すると「電通の山口に参加してもらおう」ということが多くなり、これが、自分の強みは「クリエイティブなアイデアを生み出すこと」ではなく、「複雑な問題を整理・構造化すること」にあるという認識の修正につながりこれが広告クリエイティブのキャリアから、経営コンサルティングのキャリアへの転換へとつながっていったのです。

実を言えば、次に進んだ経営コンサルティングの世界においても、当初想定したポジショニング戦略はうまく行かず、ふたたび適応戦略を実践することになるのですが、長くなるのでここではこれ以上踏み込むことは止めておきましょう。

私たちが立てる当初の「人生の経営戦略」は多くの仮説に基づいているため実際にはうまくいかず、修正あるいは破棄を余儀なくされることがしばしばあります。現在のように不確実性が高まっており、長期の見通しが立てにくい社会を生きていく上で、「適応戦略」は必須に求められるものだと言えるでしょう。

第 3 章

職業選択について

LIFE MANAGEMENT STRATEGY

人生は、選択の連続です。その中でも、職業の選択は私たちの人生を大きく左右する一大決断です。職業を選ぶことは、単に生活の糧を得る手段を選ぶだけではありません。それは、私たちがどのように社会と関わり、自らの価値をどのように表現するかを決定するプロセスでもあります。

この章では、職業選択をひとつの戦略的決断として捉え、どのように自分の価値観や目標に基づいて最適な選択を行うかを探っていきます。経済学や心理学、さらにはゲーム理論といったさまざまな視点から、職業選択のプロセスを分析し、あなたが将来に向けた正しい選択をするための指針を提供したいと思います。

05 ポジショニング 前編

「5つの力」に着目して居場所を決める

インタビュアー：アーティストとして成功するための秘訣は？
アンディ・ウォーホル：しかるべき時に、しかるべき場所にいること、だね。

インタビュアーに対するアンディ・ウォーホルの木で鼻を括ったようなぶっきらぼうな回答は、経営戦略論におけるポジショニング理論の本質をよく表していると思います。

アーティストと同様に、企業もまた**「しかるべき時に、しかるべき場所にいること」が重要だ、と考えるのがポジショニング理論**です。

ポジショニング理論では、企業の長期的な競争優位は、その企業の内部にある資源や能力よりも、その企業の置かれた場所や環境によって大きく左右される、と考えます。

ポジショニング理論の教祖であるハーバード大学のマイケル・ポーターが、この理論を最初に提案したのは1980年に出版された初著『競争の戦略』においてでした。

この本は、基本的に経済学における産業組織論の枠組みを用いて書かれています。競争戦略論の教祖とされていることから、誤解されていることが多いのですが、ポーターはもともと「経営学」ではなく、「経済学」の研究者で、博士号も「経済学」で取得しています。

経済学では「社会的厚生の最大化」を目指します。簡単に言えば、市場で健全な競争が起き、独占企業が高い価格で暴利を貪るようなことがなく、誰もが必要なものを適切な価格で買える社会を「良い社会」と考え、このような状況の実現を阻害する要因を是正することを目指す、ということです。

しかし、これをひっくり返してみるとどうなるでしょうか？　独占企業が高い価格で暴利を貪っている状況というのは、社会全体にとって望ましいことではありませんが、個別企業からすれば理想的な状況ということになります。

ポーターがやったのはまさにこれで、彼は、経済学でやってきた研究をそのまま裏返しにして経営学の世界に持ち込んだのです。すごい発想の転換です。「より良い社会を実現するためにはどのような経済政策が求められるのか？」というルソー的な研究テーマが学究キャリアの途中でひっくり返り、「個別企業が暴利を貪るためにはどのような経営戦略が求められるのか？」というマキャベリ的な研究テーマに変わってしまったわけで、そういう意味でマイケル・ポーターという人は「経済学の堕天使」なのです。

私は、マイケル・ポーターという人の著書に触れるたびに、怨念ともいえるような熱量を感じるのですが、いったいキャリアの途中で何があって堕天使になったのか？ぜひ一度お伺いしてみたいものだと思っていますが、ここではこれ以上踏み込むことは止めて、本論に話を戻しましょう。

■なぜ民放テレビ局の給与はあんなに高かったのか？

ここからは具体例を挙げて考えていきたいと思います。次の図5－1を見てください。これは日本の高年収企業のランキングトップ10を2004年と2022年で比較したものです。

図5-1 日本の高年収企業のランキングトップ10

2004年の年収ランキング

順位	社名	平均年収(万円)
1	フジ・メディア・ホールディングス	1529
2	東京海上ホールディングス	1507
3	朝日放送グループホールディングス	1486
4	日本テレビホールディングス	1482
5	スパークス・グループ	1478
6	TBSホールディングス	1429
7	テレビ朝日ホールディングス	1358
8	電通グループ	1316
9	キーエンス	1228
10	住友商事	1202

2022年の年収ランキング

順位	社名	平均年収(万円)
1	M&Aキャピタルパートナーズ	2688
2	キーエンス	2183
3	ヒューリック	1803
4	伊藤忠商事	1580
5	三菱商事	1559
6	三井物産	1549
7	丸紅	1469
8	TBSホールディングス	1450
9	野村ホールディングス	1441
10	ストライク	1433

出所:東洋経済オンライン(https://toyokeizai.net/articles/-/796398?page=2)

２００４年のランキングを見てすぐに気づくのが「放送局の多さ」でしょう。給与情報が公開されている企業のうちで、という限定条件はありますが、日本で最も高い給料を支払っている会社のトップ10社のうち、５社が東京キー局のテレビ局で、１社はその放送局と密接なつながりのある広告代理店となっています。

そして、ＴＢＳホールディングスの１社を除いて、これらの企業は２０２２年のランキングでは全て圏外に漏れています。なぜ、このような変化が起きるのでしょうか？

個別企業でバラバラの動きをしているのであれば、それは個社の経営の巧拙ということで説明ができます。しかし、業界全体で同じような変動のパターンを見せているということは、個別企業の経営の巧拙だけには帰せしめられない要因があるはずです。

マイケル・ポーターによれば、それこそが「ポジショニングだ」ということになります。経営戦略論におけるポジショニング理論では、企業の収益性は「ポジショニング＝その企業の立地と環境」によって大きく左右されると考えます。

具体的には、例えば規制業種で競合が少なく、新規参入のリスクの少ない立地では、一般に収益性が高まる傾向があります。また顧客側に他の選択肢がなく、価格交渉の

図5－2｜マイケル・ポーターの「5つの力」

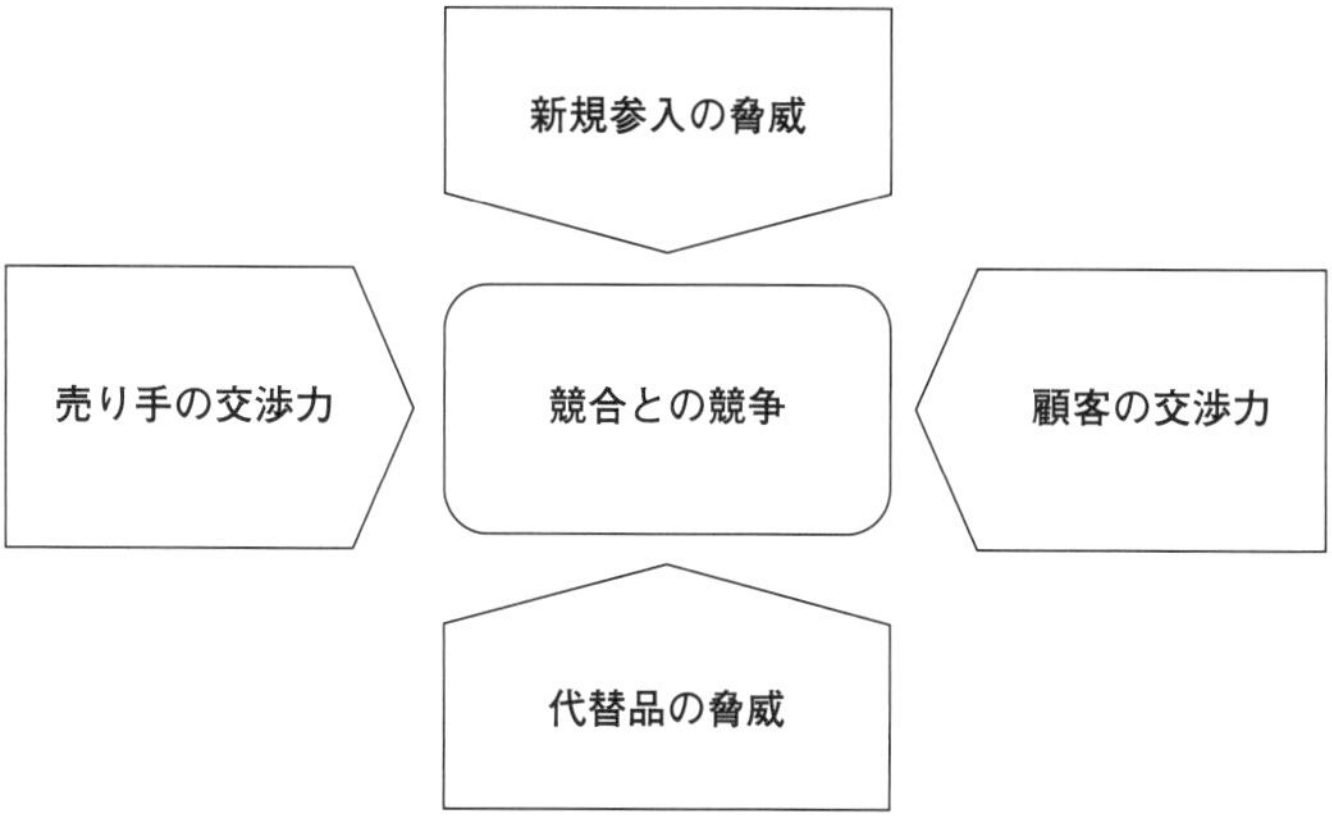

圧力が低いような立地でも、同様に収益性が高まる傾向があります。

■立地の魅力度を測るモノサシ

マイケル・ポーターは、ある企業・産業のポジショニングの魅力度や堅牢性は、その企業を取り巻く「5つの力」に着眼することによって分析できるとしています。

図5－2を見てください。これはおそらく、経営戦略論の中で最もよく知られているフレームワークです。

具体的に、それぞれの「力」は次のように説明されます。

競合との競争（Rivalry among Existing Competitors）

業界内の既存企業間の競争の激しさを示します。競争が激しいほど、価格競争や利益率の低下が発生しやすくなります。競争が激化する要因として、企業数の多さ、製品の差別化が少ないこと、固定費が高いことなどが挙げられます。

新規参入の脅威（Threat of New Entrants）

新たに市場に参入してくる企業の脅威を示します。参入障壁が低い市場では、新規参入が増え、既存企業の市場シェアが奪われる可能性が高まります。参入障壁には、規模の経済、ブランド力、規制、資本要件などがあります。

代替品の脅威（Threat of Substitutes）

代替製品やサービスの存在が、市場の競争力にどれだけ影響を与えるかを評価します。代替品が多い場合、価格や品質の競争が厳しくなり、業界の利益が圧迫される可能性があります。代替品のコストパフォーマンスが高いほど、この脅威は大きくなります。

顧客の交渉力（Bargaining Power of Buyers）

顧客がどれだけの交渉力を持っているかを示します。顧客の交渉力が強いと、企業は価格を下げたり、サービスを改善したりする必要が生じます。顧客が少数である場合や、代替製品が豊富にある場合、買い手の交渉力は高まります。

売り手の交渉力（Bargaining Power of Suppliers）

原材料や部品の供給者がどれだけの交渉力を持っているかを示します。供給者の交渉力が強いと、価格が上昇したり、品質が低下したりするリスクがあります。供給者が大規模で少数の場合、供給者の交渉力は高まります。逆に供給者が小規模で多数の場合、供給者の交渉力は弱まります。

■民放テレビ業界に起きたこと

この枠組みに基づいて、東京キー局に起きた変化を分析すると、ポジショニングというものがよくわかると思います。

まず、２００４年以前の東京キー局のポジショニングについて「５つの力」で分析してみると、次のようになります。

競合との競争

当時のテレビ局は限られた数しか存在せず、放送免許の取得や設備投資に高額な費用が必要でした。そのため競争は穏当で、価格競争が発生しにくく、高い収益を維持しやすい状況でした。

新規参入の脅威

テレビ局を立ち上げるには膨大な資本が必要であり、政府の規制（放送免許）も強かったため、新規参入には非常に高い壁がありました。

代替品の脅威

当時、自宅で楽しめるテレビ以外の無料のエンタテインメントはほとんど存在しませんでした。あえて言えば新聞や雑誌やラジオが競合でしたが、これらのメディアは動画を用いることができず、テレビを代替する脅威とはなりませんでした。

顧客の交渉力

テレビ広告は非常に強力なメディアで、特に大規模な視聴者にリーチできる唯一の手段として、広告主はテレビ局に頼らざるを得ませんでした。そのため買い手である広告主の交渉力は弱まる傾向にありました。

売り手の交渉力

テレビ局に映像コンテンツを提供していた制作会社は全般に小規模で、また数も多かったのに対して、テレビ局は数が非常に少なく、制作会社側にとって他の売り先がなかったため、制作会社側は強い交渉力を持つことができませんでした。

ポーターの「5つの力」の枠組みで整理すると、当時の民放テレビ局がポジショニング的にいかに恵まれた状況にあったかということがよくわかると思います。

ところが、このような状況は大きく変化することになります。もうわかりますよね、インターネットの普及です。インターネットが普及し、同時に回線のスピードが上がったことで、自宅で楽しめる無料の動画コンテンツが大量に供給されることになったのです。

図5−3｜インターネットの普及によるテレビ業界の変化

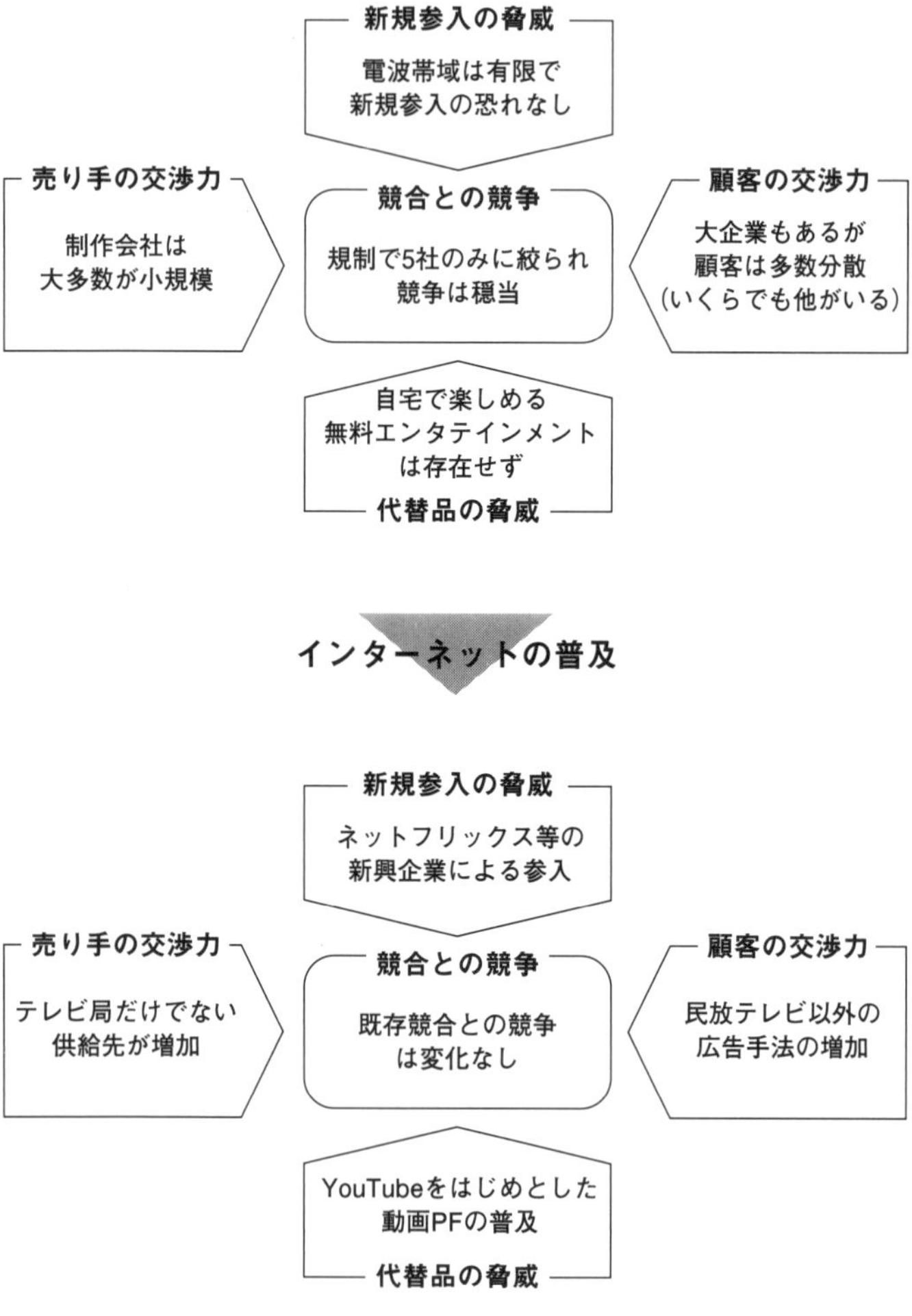
新規参入の脅威
電波帯域は有限で
新規参入の恐れなし
売り手の交渉力
制作会社は
大多数が小規模
競合との競争
規制で5社のみに絞られ
競争は穏当
顧客の交渉力
大企業もあるが
顧客は多数分散
(いくらでも他がいる)
自宅で楽しめる
無料エンタテインメント
は存在せず
代替品の脅威
インターネットの普及
新規参入の脅威
ネットフリックス等の
新興企業による参入
売り手の交渉力
テレビ局だけでない
供給先が増加
競合との競争
既存競合との競争
は変化なし
顧客の交渉力
民放テレビ以外の
広告手法の増加
YouTubeをはじめとした
動画PFの普及
代替品の脅威

結果、図5－3のような変化が起こりました。

このような変化が、先ほど見ていただいた年収ランキングの変化を生み出しているということです。

ちなみに、私は2000年に電通を退職していますが、退職を決意するきっかけとなった分析のひとつが、上記の「5つの力」に関する分析でした。

広告は極めて景気感応度の高い産業で、市場規模の増減はGDPの増減と正確に同期します（日本の名目GDPと広告市場規模の相関係数は0・7〜0・8）。当時から、すでに日本のGDPにさしたる成長が見込めないということは明らかでしたが、それはまた同時に、私が所属していた広告産業にも、さしたる成長が見込めないということを意味していました。

ある意味では非常に安定的な状況でもあり、業界内部にいる人は放送免許によって守られた平和、言うなれば「パックス・メディアーナ」という安寧の中で繁栄を謳歌していたのが当時の状況でした。そのような最中に、インターネットという新しいメディアが登場してきたのです。

市場規模の成長が期待できない中、新しいメディアが登場すれば、当然の結果として、広告枠の供給過剰が発生し、単価は下落します。下落した単価で売上高を維持しようとすれば、単価の下落を補うだけ取引の回転数を増やさねばなりませんから、必然的に労働環境は悪化することになります。つまり、当時の私が出した結論は「長期的な収益性の低下と労働環境の悪化は避けられない」というものでした。

たまさか本書執筆中の２０２４年11月、日本テレビ系列の４社が「経営環境が急激に厳しさを増している」という理由から統合を発表しましたが、この厳しさは「いずれやってくる未来」として20年以上前から予見できたはずのことなのです。

私は当時、入社６年目でしたが「長期的に待遇の悪化は避けられない」という結論を出してしまった以上、どんなに居心地の良い場所であっても、そこから「離脱」しなければ、絶対に後悔することになる、と自分にハッパをかけて退職することにしたのです。

■ 決断を「勇気」や「度胸」の問題にしない

よく転職や移住に関して「自分には勇気がない」「自分には度胸がない」といったことをいう人がいますが、ライフ・マネジメントにおける意思決定を「勇気」や「度胸」の問題として単純化するべきではありません。

ライフ・マネジメントにおける意思決定において、**真に問題となるのは「勇気」でも「度胸」でもなく、「自分の居場所の趨勢についてどれだけ論理的に考え抜くか」という「思考の累積量」**なのです。

もし、考え抜いた末の結果が「自分の居場所の見通しは暗い」ということであれば、別に勇気や度胸に頼らなくても、人はその場から離脱するためのアクションを取るものです。

■個人にも当てはめることが可能

さて、ここまでは民放テレビ局という産業を題材にして、ポーターの「5つの力」のフレームワークを用いて分析してみましたが、この分析は個人にも同様に当てはめることができます。これはつまり、ある個人をプロジェクトとして見立てた場合、その収益性もまた「立ち位置」によって決まってしまうということです。

中でも「5つの力」のうち「競合との競争」と「代替品の脅威」は、ライフ・マネジメント・ストラテジーを考える上で、非常に重要な論点となってくるでしょう。

まずは「競合との競争」という点について考えてみましょう。私たちは、あるスキルや知識を身につけるときに、「そのスキルや学位が、どれくらい労働市場で評価されているか?」という点ばかりに目を向けてしまいがちですが、実は本当に考えなければならないのは、「そのスキルや知識を持っている人はどれくらいいるのか? この先、どれくらい増えるのか?」という点なのです。なぜなら、需要に対して過剰に供給されるスキルや能力の価値は必ず低下するからです。

■人材の価値は「需要と供給の関係」によって決まる

私たちは労働市場における「自分の価値」を高めるために、語学を学んだりスキルを身につけたりという努力をしているわけですが、そもそも「労働市場における価値」は何によって決まるのでしょうか?

ともすれば、この問いに対して「それは能力や知識の水準だ」と答えを返してしまいがちですが、この答えは全くの誤りだとは言わないものの、不十分だと言わざるを得ません。

なぜなら、どんなに素晴らしい能力や知識であっても、それが需要に対して過剰に供給されることになれば、それらの能力や知識には価値が認められないからです。

ここは非常に重要な点なので、市場におけるポジショニングを検討する際は常に念頭に置いておいて欲しいのですが、**「市場における価値」は「能力や知識の水準」ではなく「需要と供給の関係」によって決まります。**

■流行の資格や学位は戦略的には「スジの悪い選択」

そういう観点から言えば、「流行りの資格や学位」を取るために時間をかけることは、競争戦略論の枠組みから言えば、実は最もやってはいけない時間資本の使い方ということになります。なぜなら「流行っている」ということは、この後で供給量が大きく増加することを意味するからです。労働市場での価格は、能力や知識そのものの価値よりも、需要と供給の関係によって決まりますから、供給量が大きく増加することが予測されるスキルや知識を獲得するために時間資本を投資するのは、戦略として悪手というしかありません。

逆に言えば、需要に対して供給量の少ないスキルや知識は、労働市場で非常に高い価値を持つことになります。その典型が、現在の世界で起きている「ＡＩ関連人材の報酬の暴騰」という状況です。なぜＡＩ関連人材の報酬水準がここまで上がっているかというと、需要に対して圧倒的に供給量が足りていないからです。

ではなぜ、ＡＩ人材の供給量は足りていないのでしょうか？　理由は単純で「まったく人気がなかったから」です。１９８０年代の第二次ＡＩブームが去った後、１９９０年代の「ＡＩの冬の時代」において、人工知能に関する研究は下火になり、関連する学位を取る学生も激減したことから、人材の供給量が大幅に細ったところへ、現在も進行しているＡＩ第三次ブームがやってきたことで、需要に対して供給が大幅に不足する状況が生まれたのです。

これは株式市場における投資と同じことです。人気になっている銘柄の株価は上がりますが、こういった銘柄に手を出せば当然ながら「高値掴み」のリスクは高まります。これを敷衍《ふえん》していえば、知識やスキルなどの人的資本に関しては、流行しているテーマに手を伸ばすよりも、むしろ積極的に逆バリすることが求められる、とも言えるでしょう。

■テクノロジーによる「代替品の脅威」

次に「代替品の脅威」について考えてみましょう。こと「代替品の脅威」に関して言えば、なんと言っても考慮しなければならないのが「テクノロジーの影響」による代替です。これまでにも数多くの職業が、テクノロジーの影響によって短期間に労働市場から消滅しました。

産業革命以来、私たち人間が担っていた仕事の多くが、機械によって代替されてきましたが、近年に特徴的にみられるのは、かつてのような「機械による肉体的労働の代替」から、「機械による認知的労働の代替」に、その影響が広がっているということです。

例えば2000年代の前半には、外資系投資銀行の東京オフィスには数百人単位のトレーダーがおり、中には億単位の報酬を稼ぐ人も少なからずいましたが、現在、彼らのやっていた仕事のほとんどはコンピューターによって自動化されてしまいました。テクノロジーの進化によって、たった20年のあいだに、極めて高給だった職種が丸ごと一個吹っ飛んだのです。

現在、この「機械による認知的作業の代替」が最もラディカルに進んでいる業界のひとつが法曹業界です。2019年、日本で最も規模の大きな渉外弁護士事務所のひとつである長島・大野・常松法律事務所は、自分たちの弁護士業務に人工知能を導入することを発表しました。

同事務所による発表資料によると、この人工知能はそれまで人間の弁護士が2週間かけてやっていたM&Aの契約書のチェックを、最短15分で完了する上、人間の弁護士にはつきものの「品質のバラツキ」ははるかに少ない、というのです。

弁護士というのは一般にホワイトカラーの中でも、最も知的水準の高い人たちがやる仕事だと考えられてきました。だからこそ、弁護士は「先生」という尊称をつけて呼ばれてきたわけですがこの弁護士の中でも、最優秀とされる人々が2週間かけてやっていた仕事を、たった15分でやってくれる機械がすでに登場しているのです。

現在のところ、AIによる「認知的労働の代替」は、投資銀行や弁護士事務所など、報酬水準の高い領域から順々に進行していますが、今後、人工知能のコストが低下していけば、私たち人間が担ってきた認知的労働の多くが、AIによって代替されることになるでしょう。

■AIによる代替への3つの対抗策

では、私たちは、この脅威に対して、どのような対抗策が取れるのでしょうか？

大きく3つあると思います。

ひとつ目は**「正解のある仕事を避ける」**ということです。人工知能は「正解を出す機械」ですから、人工知能が普及した社会では「正解の過剰供給」が起きることになります。「過剰に供給されるものの価値は下がる」というのが経済学の基本的な原則ですから、したがって、これからの社会では正解の安売り＝コモディティ化が進行していくことになります。このような事態の進行に伴って、当然ながら「正解を出す能力」の価値も下がり、そのような能力を要する仕事の報酬も低下することになるでしょう。

日本では相変わらず受験勉強で高い偏差値を取れるような人のことを「優秀」とする傾向が根強いですが、受験勉強で高い偏差値を取るというのは、まさに「正解を出す能力」の証左なわけですから、このような「優秀さ」のイメージも今後は変わっていくことになるでしょう。

2つ目は**「感性的・感情的な知性を高める」**ということです。先述した通り「認知的な知性」については今後、過剰供給が起きるわけですが、世の中の仕事の多くは「認知的な知性」に加えて、それと同等以上に「感性的・感情的な知性」もまた求められます。

例えば私が長らく携わっている経営コンサルタントや人材育成・組織開発といった仕事では、実は「認知的な知性」以上に、クライアントの感情を察知したり、逆に感情を揺さぶったりするための「感情的な知性」が求められます。現時点では、このような領域については人工知能よりも人間にアドバンテージがあります。

３つ目は**「問題を提起する力を高める」**ということです。先述した通り、これからは「正解を出す能力」が労働市場において過剰に提供されることになります。しかし、それで全体の生産性が上がるかというと、ことはそう簡単ではありません。

今からおよそ２５０年前の産業革命において、飛び杼《ひ》の発明によって飛躍的に織布（＝布を織る工程）の生産性が向上したにもかかわらず、全体としての生産性はさして上がりませんでした。なぜなら、その前工程となる紡糸（＝糸を紡ぐ工程）の生産性が変わらなかったからです。多くの仕事はさまざまなプロセスの組み合わせから成り立っており、一部の生産性だけが突出して上がれば、ボトルネックが移動するだけで全体の生産性はさして改善しないのです。

これを逆に考えれば、一部の生産性が飛躍的に高まり、ボトルネックが移動した時は大きなチャンスが生まれる、とも言えます。なぜなら、ボトルネックの生産性を改善できれば、全体プロセスの生産性の向上が生み出すリターンの多くを得ることができるからです。

ＡＩによって「正解を出す能力」が過剰に供給されれば、ボトルネックはその前工程となる「課題設定のプロセス」に移行します。なぜなら「問題の解決」の前には必ず「問題の設定」が必要になるからです。ＡＩがもたらす過剰な正解提供能力を価値につなげられるかどうかは、前工程において、どれだけ良質な「問い」を立てられるかどうかに、かかってくるのです。

では、どうやって「問題を提起する力」を高めることができるのでしょうか？　これはとても大きな問いであり、人によっていろんな回答があると思いますが、私自身は、その答えは「教養＝リベラルアーツ」しかないと思っています。

リベラルアーツとは「自由に思考するための技術」のことです。誰もが常識だと考えていること、仕方がないと思って飲み込んでしまい、もはや意識されることもないさまざまな理不尽について「これは本当に正しいのか？」「これは本当に美しいのか？」ということを問いかけ、現状とは異なる「あるべき姿」について構想する力が、リベラルアーツなのです。

ＡＩの浸透によって、人間がこれまで長らく担ってきた「与えられた問題に対して正解を出す」という労務が機械によって代替される時代において、人間が担うべき最も大きな仕事は「見過ごされてきた問題を提起する」ことになります。そして、この仕事を担うには教養＝リベラルアーツは必ず求められるものなのです。

06 ポジショニング 後編

多動して「自分の居場所」を見つける

戦争において、場所は「全て」である。

ナポレオン・ボナパルト

前節では、マイケル・ポーターの提唱した「ポジショニング理論」を引きながら、産業や組織の収益性が「業界の構造」によって大きく左右されることを確認しました。今節では、ポジショニング理論の後編として、物理的な立地と競争優位の関係について考察してみましょう。

■「どこにいるのか?」という始原の問い

旧約聖書の創世記で、禁じられていた「知恵の実」を食べてしまったことが発覚するのを恐れて茂みに隠れているアダムとイブに対して、神は「どこにいるのか?」という問いを発します。旧約・新約を通じて、神は人間に数多くの質問を投げかけますが、この質問は神が人間に対して発する最初の問い、言うなれば「始原の問い」なのです。

神は全知全能ですからアダムとイブがどこにいるのかを知っています。知っていて、敢えて「どこにいるのか?」と聞いているのです。アダムとイブに「なぜ自分はここにいるのか?」「なぜこういうことになってしまったのか?」ということを考えさせるためです。

アダムとイブに神が投げかけた、この「あなたはどこにいるのか?」「なぜそこにいるのか?」という問いは、ライフ・マネジメント・ストラテジーを考える上でも、非常に重要な問いです。なぜなら、マネジメントにおいて「立地」は死活的に重要な問題となるからです。

多くの人があまり意識していないことですが、立地は私たちの人生に決定的な影響をもたらします。

■「能力」を変えるより「立地」を変える

あらためて確認すれば、ポジショニング理論では「企業の競争優位は、その企業が持っている資源や能力よりも、その企業の置かれた立地や環境によって、大きく左右される」と考えます。したがって、ポジショニング理論にのっとれば、競争優位を発揮できていない組織や個人が、本当に考えなければならないのは「どうやって資源や能力を獲得するか?」という論点以上に、「どのように立地や環境を変えるか?」という論点だということになります。

多くの人は、自分の状況を改善させようというとき、短兵急にスキルや知識を身につけること……本書の用語を用いれば「人的資本を補強する」というアプローチをすぐに考えてしまいがちですが、**私たちは、全く別のアプローチとして「立地や環境を変える」というオプションを常に持っている、ということを忘れてはなりません。**

■リモートワークによって「仕事の全国大会化」が起きる

ただでさえ難易度の高い「立地の選択」という問題を、さらにややこしくしているのが、現在進行している「リモートワークの浸透」というトレンドです。最近ではオフィスへの回帰を促す企業も増えており、今後、リモートワークがどの程度の水準で社会に定着するかは未知数ですが、いずれにせよ「完全に元の状態には戻れない」と思っている人が大多数でしょう。

さて、あらためて確認すれば、リモートワークとは、単純に言えば「住む場所」と「働く場所」が離れることを意味します。これはキャリアにおける「立地の戦略」に甚大な影響を与えます。

具体例を用いて考えてみましょう。リモートワークの浸透していない従来の社会であれば、ある地域に拠点を持つ企業がなんらかのデザインを発注するとしたら、同じ地域のデザイナーに発注することが多かったでしょう。直接会ってやりとりすることができることが仕事をする上での大前提だったからです。

しかし、リモートワークが浸透してしまうと、必ずしも地元のデザイン会社やデザイナーを選ばなくてもいい、ということになります。すると、遠方にいたとしても、最も費用対効果の高いデザイナーに発注したい、と考えるのが当然でしょう。

つまり、それまで地元のデザイン市場で上位に入っていれば十分にやっていけたのが、立地という要件が条件として解除されてしまうと、全国区で上位に入っていないとやっていけない、ということになるのです。

これを逆側から言えば、全国で上位に入ることができれば、それまで取引できなかった遠方の顧客を相手にできることになるので、逆に売上は今まで以上に上がることになります。

つまり、リモートワークによって立地の無意味化が起きた労働市場は、全て「全国大会化」してしまう、ということです。

さらに言えば、いまはまだ日本語という言語の障壁によって守られている日本の労働市場も、やがては自動翻訳などのテクノロジーの進化と浸透によって参入障壁が低くなると、全国大会から世界大会へとその様相を変化させることになります。

■立地とパフォーマンスの関数

さて、リモートワークの浸透によって、これから労働市場の捉え方が変わるという指摘をしましたが、このような指摘に対しては「いや、仕事というのはやはり人と会ってするものだ、リモートワークには限界がある」といった反論があるかもしれません。

最終的には人それぞれの「仕事観」も関わってくるため「そうかもしれませんね」としかお答えできないのですが、ひとつだけ反論させていただくとすれば「距離とパフォーマンスの関数は仕事によって異なる」ということは忘れてはならないと思います。グラフを使って考えてみましょう。

図6－1は立地とパフォーマンスの関係を概念化したものです。縦軸はパフォーマンスを、横軸は立地を表しています。

福岡にある企業Aが、佐賀のデザイナーBさんと東京のデザイナーCさんに仕事を発注するというケースを考えてみましょう。

CさんのピークパフォーマンスはCp_1、BさんのピークパフォーマンスはBp_1で、ピークパフォーマンスを比較すればCさんの方が上ですが、距離に応じてパフォーマンスは低下するため、福岡にある企業Aにとって、両者のパフォーマンスはBp_2とCp_2となり、ピークパフォーマンスとは逆転して佐賀にいるBさんの方が東京のCさんよりもパフォーマンスが高くなります。

図6-1｜立地とパフォーマンスの関係

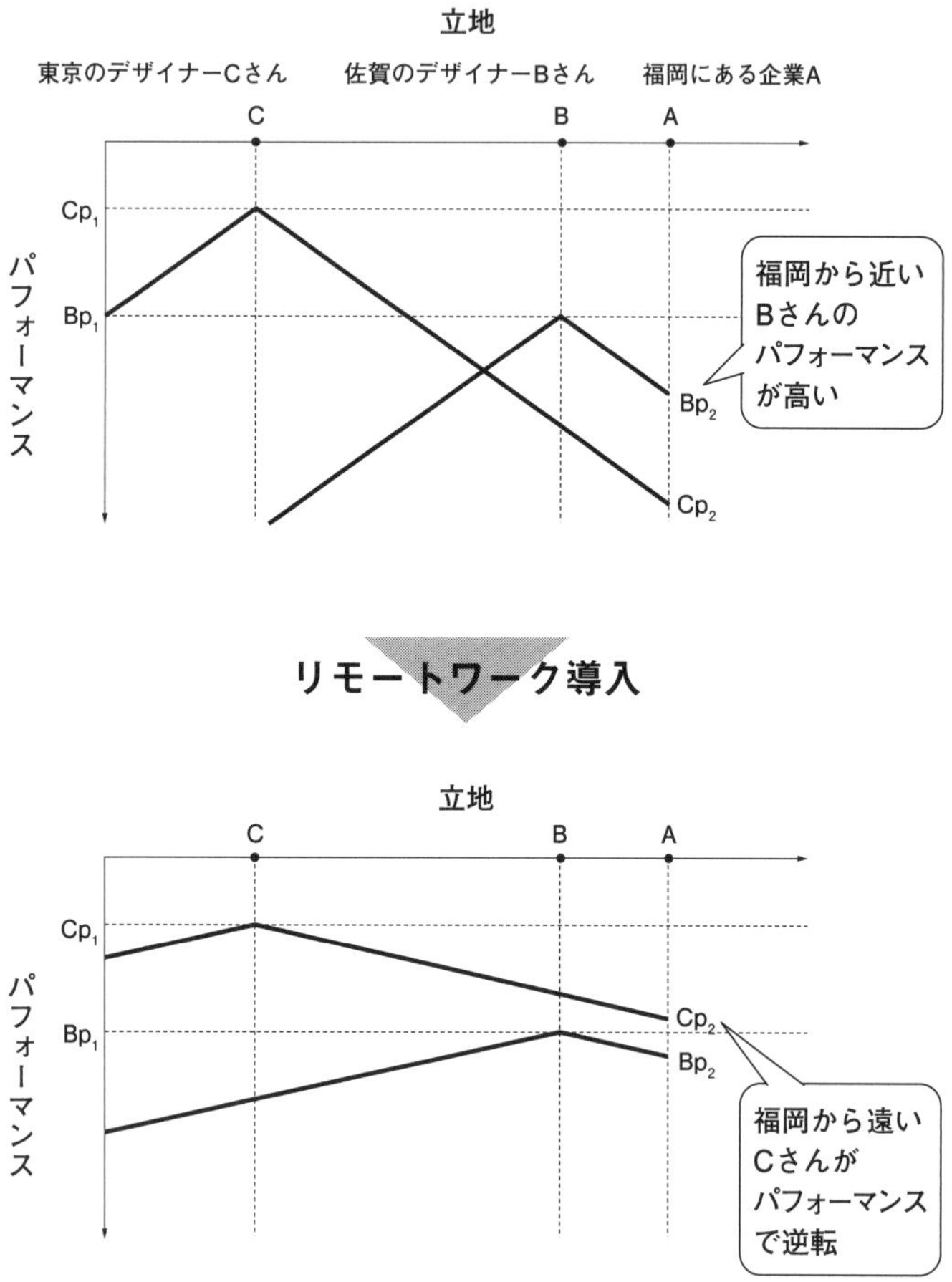

ところが、リモートワークの環境が整備されると、距離が離れてもパフォーマンスがそれほど低下しない……つまりグラフの傾きが浅くなりますから、グラフは下図のように変化します。

グラフの傾きが浅くなることでBp_2とCp_2のパフォーマンスは逆転し、これまで「距離が近いから」という理由で選ばれていたBさんを選択する理由がなくなります。

リモートワークの導入による傾きの変化は、その仕事がどれほど情報財に依存しているかによって変わってきます。農業や漁業等や製造業等の「モノ」が関わる仕事や、マッサージや飲食等の物理財に依存している仕事は、リモートワークの導入によって大きな影響を受けることはありませんが、多くの事務系の仕事はリモートワークの導入によって、これまで立地によってもたらされていた優位性に大きな影響を受けることになります。

■ローカルメジャーからネーションニッチへ

このような変化は私たちに「市場の捉え方」の転換を要請します。リモートワークの浸透していない、これまでのような社会であれば、私たちは市場を「地域×職種」で捉えることが普通でした。例えば「北九州×デザイン」とか「東京×プログラミング」といった捉え方です。

地域によって市場を区切れば、当然ながら市場規模は小さくなります。小さくなった市場規模で一定の売上を立てようとすれば、どうしても「その地域内で発生する多様な要望」に応えていくことが必要になります。つまり「絞った市場で、多様なニーズに応えます」というのが基本的な競争戦略になる、ということです。

ところが、リモートワークが浸透した職種においては、先述したように「全国大会化」が起きるため、市場を捉える軸としての「地域」は無効化します。このとき、従来と同様に「多様なニーズに応える」という競争戦略を採用していると、全国大会化した市場において埋没してしまい、自分のポジショニングを築くことができません。

つまり、リモートワークが浸透する職種では、これまでの「特定の地域で多様なニーズに応える」という「ローカルメジャーの競争戦略」から、「全国レベルで特定のニーズに応える」という「ネーションワイドニッチの競争戦略」へのシフトが求められるのです。

これを図式化したのが図6－2です。この図では縦軸が顧客の要望の多様性、横軸

図6-2｜従来と今後の市場の捉え方の違い

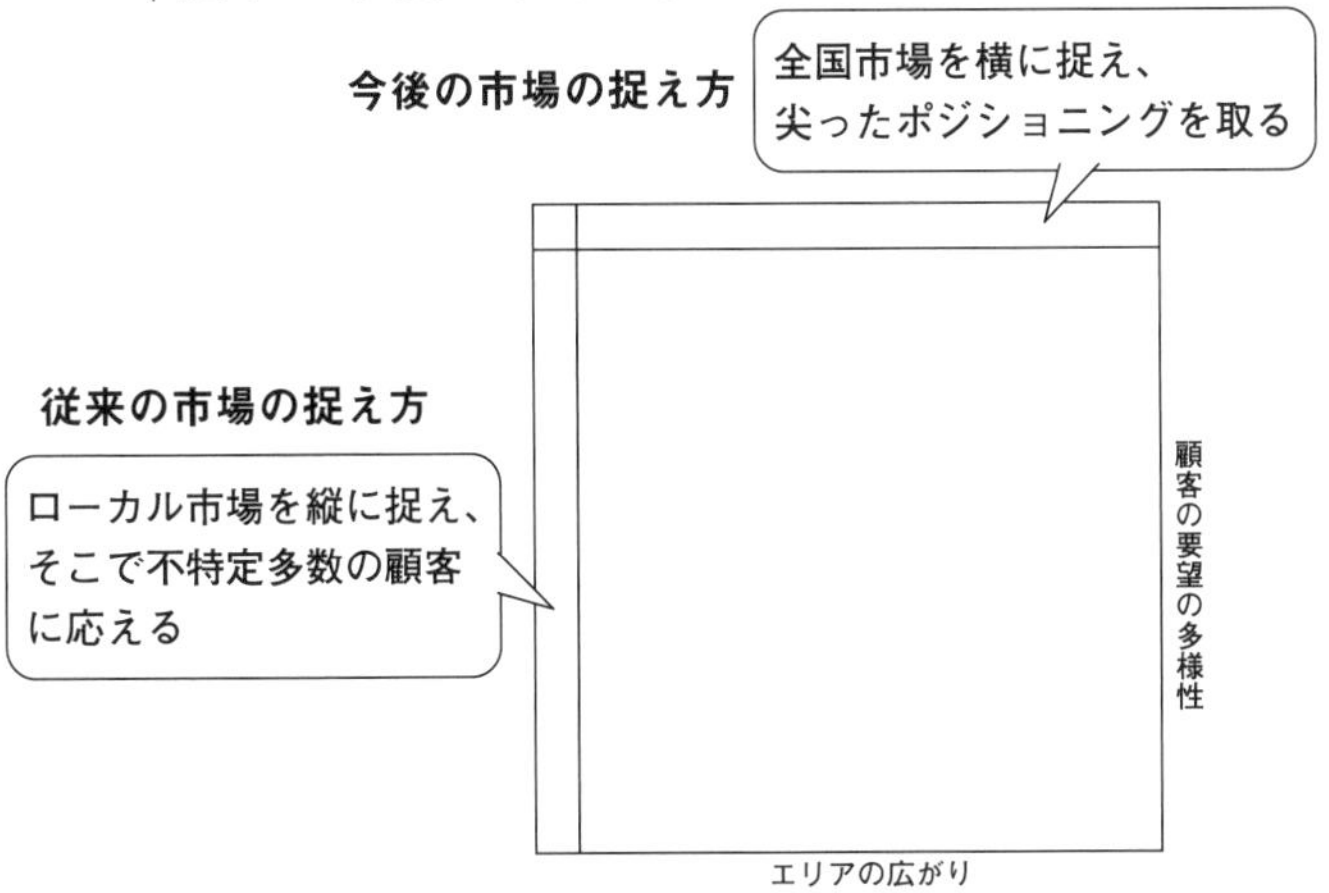

がエリアの広がりを意味します。

例えばデザイナーという職種について考えてみましょう。リモートワークの浸透していない、これまでのような社会であれば、それぞれの地域に拠点を持つデザイナーは、それぞれの地域における多様なニーズに応えることで、売上を維持することができました。特定の地域において、さらに特定のニーズに応えるような「尖った戦略」を採用すれば、それは市場機会の逸失につながる可能性があったからです。

したがって、ある特定の地域を市場とする限り、「どんな要望でも、どんなテイストでも、お客様のお望みのデザインを作成します」という戦略を採用せざるを得なかったのです。これが典型的な「ローカルメジャーの競争戦略」です。

一方で、全国レベルの市場を相手にするのであれば、各地域に存在する「ローカルメジャーの競争戦略」を採用する競争相手と差別化するためにも「そのデザイナーならでは」の尖ったポジショニングを構築することが求められます。

これらの競争戦略のどちらがフィットするかは、職種や立地に加えて、個人のパーソナリティも関係してきますから、一概に言えないわけですが、意識しなければならないのは、リモートワークという新しい働き方の浸透によって、私たちの人生に「新しい戦略オプション」が生まれたということです。

■居場所は10年で変える

ポジショニングについての注意点を挙げるとすれば、それは「永続的なポジショニングはない」ということでしょうか。これはポジショニング論だけでなく、経営戦略論の世界ではよくある話なのですが、ある大家の大先生から「経営のお手本だ、見習いなさい」と言われた理想的な事例が、あっという間にダメになってしまうということはよく起きるのです。

例えば、1980年代に出版されて世界的なベストセラーとなったトム・ピータースとロバート・ウォーターマンの『エクセレント・カンパニー』（原題：In Search of Excellence）では、3M、IBM、P&Gといった会社が「エクセレント＝素晴らしい」企業として紹介されていますが、この本で紹介された43社の企業の多くは10年と経たずに困難な状況に陥っており、当のピータース自身も「エクセレンシーは永続的なものではない」と認めています。

またポジショニング論の始祖であるハーバード・ビジネス・スクールのマイケル・ポーターが、著書『戦略とは何か？』でポジショニング戦略のお手本として例示した映画館チェーン「カーマイク・シネマズ」も、著書の出版後に業界で過当競争が発生し、たった数年後には破綻してしまったのです。大家の先生が、その著書で「お手本だ」と誉めそやしたから、雨後の筍のように類似のビジネスが出てきて破綻してしまった、とも考えられるわけで、なんとも因果なものです。

つまり「美味しい立地」というのはせいぜい10年程度の賞味期限しかない、ということなのです。私たちの脳みそは相当にポンコツではありますが「あの立地はどうも美味しいらしい」ということを見抜けないほどにマヌケではありません。

これはライフ・マネジメント・ストラテジーにおいても同様に指摘できることです。

私たちの「人生の立地」は静的で固定的なものではなく、ダイナミックに変化していくのですから、この変化をポジティブに受け入れ、自分のポジショニングを常に修正していくことが求められます。

この変化を拒絶することがどのように恐ろしい結末をもたらすかをユーモラスに描いたのが井伏鱒二の『山椒魚』でした。

この小説は、小さな岩の隙間に住む山椒魚が、成長するうちにその隙間に閉じ込められてしまい、外に出られなくなるという話です。

山椒魚は最初、自分の住処が快適で安全であることに満足していますが、成長と共にその場所が窮屈に感じるようになります。しかし、山椒魚は自分の居場所に固執し、他の選択肢を探すことを怠り、新しい挑戦や変化を仕掛けることを避けたため、そこから動けなくなってしまいます。最終的に、山椒魚はその隙間から出ることができず、閉じ込められたままの人生を送ることになります。

井伏鱒二の『山椒魚』は、私たちのライフ・マネジメント・ストラテジーにも大いなる教訓を与えてくれます。たとえ魅力的でおいしいポジショニングを確保したとしても、社会や自分が変化する中でそのポジションに固執し続けることは危険なのです。

■私が「外資系コンサルティングファームのパートナー」を手放せた理由

物理的な立地に関して、最後にひとつだけ指摘しておきたいことがあります。それは「どこにいるか」という問題は、本書が掲げる「人生の目標」である「持続的なウェルビーイングの実現」に大きく影響している、ということです。

これは非常に感覚的な話になるのですが、私は、人には、人それぞれの「その人が最もその人らしくいられる場所」というのがあるのではないか、と思っています。

ここからは個人的な話をします。私は東京生まれの横浜育ちで、大学を卒業して就職してからはずっと東京の世田谷周辺に住んでいました。付近は高級住宅街と呼ばれるエリアで、世間一般からすれば、いわゆる「良い暮らし」をしているように見えていたと思います。しかし、私自身は年を追うごとにひどくなっていく不定愁訴にずっと悩まされていました。

当時の日記を読み返してみると「人生の何を修正したらいいのかわからない」というコメントが残っていますから、それなりに深刻だったのかもしれません。

いまから考えてみれば、当時の私は、私自身が心から望んでいたものではなく、世間一般に「良い」とされるもの、成功者の証とされるものを、それこそロールプレイングゲームのアイテムのように、ひとつまたひとつと獲得していただけのように思われます。

そんな日々を過ごしていたある時、ふと「海のそばに住む」ことを思いつき、袋小路になっている自分の人生を変えるためには、もう「これしかない」と直感的に思うようになったのです。

通常、こういった大胆な転居では、何年もの時間をかけてリサーチして行き先を決めるものだと思いますし、実際に私も周囲からそのような忠告やアドバイスをもらいましたが、私自身は、その直感が絶対に正しいという確信があったので、そのような周囲の声は一顧だにせず、思い立ってから数週間後には現在の住まいである葉山の土地を見つけて引っ越してしまいました。こうやってあらためて書いてみると我ながら思い切ったことをやったものだと呆れますが、今となっては、あのタイミングで移住して本当に良かったと思っています。

このとき以来、私は、それまでずっと続けてきた「土日のどちらかを必ず仕事に使う」という習慣を完全に止め、子どものスポーツや家族のイベントや地元のコミュニティの仲間との集まりに使うようになりました。

当然ながら、コンサルティングファームの中の評価や立場には好ましくない影響が現れるわけですが、こちらとしては「子どもと過ごす時間の方がクライアントや上司と過ごす時間よりはるかに大事だもんね」と割り切っているので何とも思いません。結局はこの転機が、やがては「外資系コンサルティング会社のパートナー」という立場を捨て、「独立研究者・著作家・パブリックスピーカー」という新しい立場への移行へとつながっていくことになったのです。

こういったことは、友人や知人を見ていてもあるようですね。ニューヨークのマンハッタンにある弁護士事務所に勤めて数億円の年収をもらっていた弁護士の友人がいました。彼は、会うたびに「辞めたい、辞めたい」と愚痴を言いながら、その高給ゆえに楽しめる享楽的なマンハッタンのライフスタイルがどうしても捨てられずにいたのですが、そんなある日、友人から誘われたアパラチア山脈を縦断するトレイルに参加したのだそうです。アパラチアン・トレイルは最短コースでも一週間はかかるロング・トレイルです。超絶的に多忙な生活を送っていた彼が、よくもそんなトレイルに参加したものだと思いますが、本人にも何か予感めいたものがあったのかもしれません。

結果は、果たせるかな、秋の紅葉に染まる美しい山々を山頂から眺めたある瞬間に、彼はしみじみと「自分がいるべき場所はマンハッタンではなく、ここだ」と確信したのだそうです。その後、彼はそのマンハッタンの弁護士事務所を退職し、アパラチア山脈にある弁護士事務所に転職して、現在は主に環境問題に特化した弁護士として活動しています。当人曰く「年収は1／10になったけど全く後悔はない」ということで本当に幸福そうに人生を楽しんでいるので、まあ良かったのでしょう。

私の場合にせよ、彼の場合にせよ、共通しているのは、どこがその人にとって最適な場所なのかは先見的にはわからない、ということだと思います。私はたまたま訪れた葉山の土地柄に魅せられ、弁護士の彼は友人から誘われたトレイルで自分のいるべき場所を見つけています。これはつまり、何が言いたいかというと、今いる場所から動いて、色々な場所を見てみないと、自分の立地は見つけられない、ということなのです。

07 CSV競争戦略

社会的利益を生み出す企業が長期的に繁栄する

人間というものをどれほど利己的と見なすとしても、なおその生まれ持った性質の中には、他の人のことを心にかけずにはいられない何らかの働きがある。

アダム・スミス

ＣＳＶ競争戦略では、社会的課題の解決と企業の競争力強化を両立させ、企業と社会が共に利益を得られる「Win-Win」の関係を形成することで、長期的な持続可能性を実現することを目指します。

ＣＳＶとよく似た言葉としてＣＳＲがありますが、両者はどのような点で異なるのでしょうか。厳密に言えば、ＣＳＲの定義は欧州・米国・日本でそれぞれ微妙に異なっ

図7－1｜CSV（共有価値の創造）と CSR（企業の社会的責任）の違い

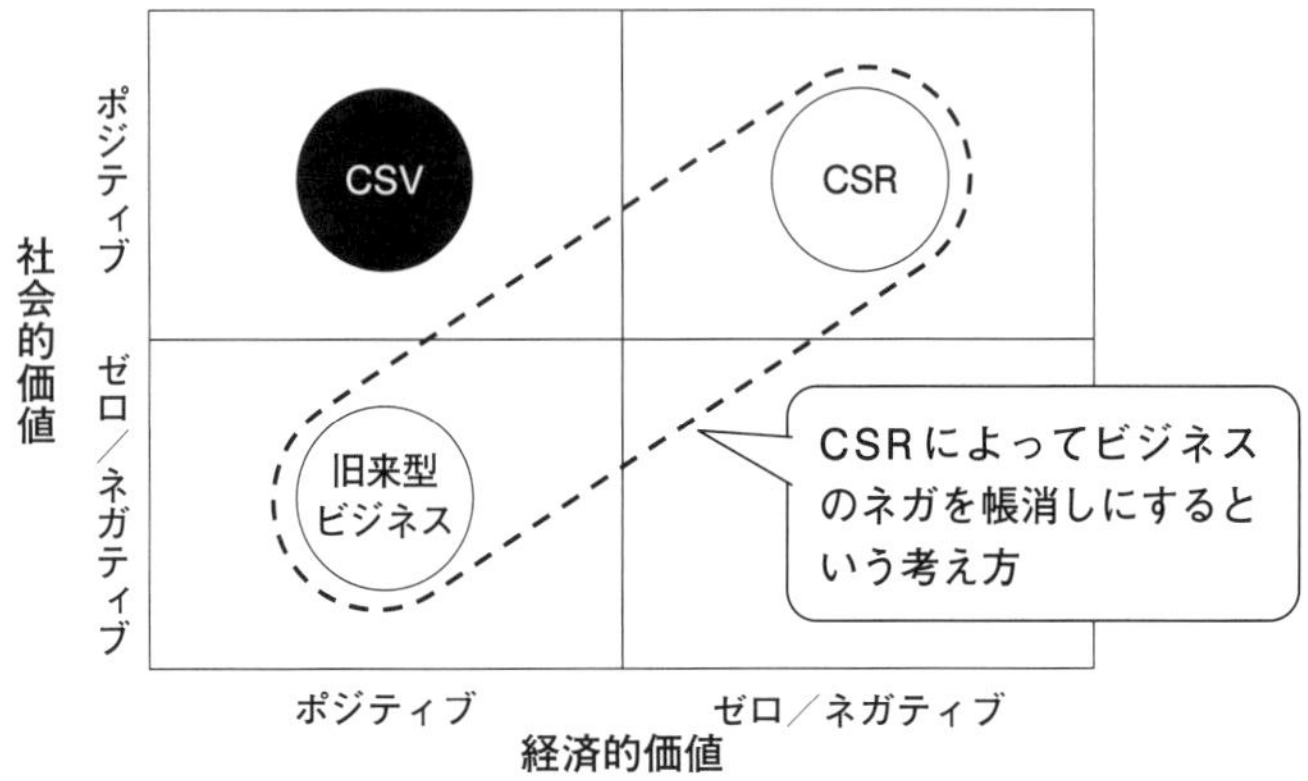

ているのですが、米国・日本で主流となっている考え方を示せば「ビジネスでは創出の難しい社会的価値を創出する企業の責任」ということになります[5]。

一方で、**CSVでは「ビジネスを通じて、経済的価値と社会的価値を同時に創出すること」を目指します。**この違いを図式化すると図7－1のようになります。

従来の経営戦略論は、経済価値の枠組みの中に閉じて議論・研究される傾向が強く、経済の外側に広がっている社会や環境に関しては「外部性」として捨象され、考慮されてきませんでした。経営戦略論のゴールはあくまで経済的価値を創出して企業価値を増大することであり、その過程で生まれる社会や環境への影響は、たとえそれがネガティブなものであろうと、検討の範疇に入れられてこなかったのです。そういう意味で、競争戦略論の教祖と目されるポーターが、このような視点を提案したことは非常に画期的なことだったと思います。

■ポーター論文の混乱

CSVのコンセプトが最初に提案されたのは、2011年初頭に『ハーバード・ビジネス・レビュー』に掲載されたマイケル・ポーターの論文「Creating Shared Value（邦題は「共通価値の戦略」）」においてでした。この論文で、ポーターは「社会価値と経済価値の両方を追求することが次世代の資本主義の理想像である」と主張しています。

率直にいってこの論文は非常に混乱しており、社会的価値と経済的価値の因果関係が文脈によって逆転したり、場合によっては両者がトレードオフの関係にあるように

5 ちなみに欧州では「ビジネスによって社会や環境にネガティブな影響を与えないようにする企業の責任」となっており、より受動的だと言えます。

記述されたりしており、論旨は錯綜しています。

ポーターは、ハーバード・ビジネス・スクールを卒業する自分の教え子たちが、大企業で経済的価値の創出を追求するキャリアを「もはやクールではない」と考え、NPOやNGOなどのキャリアを選択する……しかも優秀な学生ほどその傾向が強いのを見て「いや、ビジネスでも社会的価値を創出することはできる」と諭そうとして、この論文を書いたと言われていますが、そのような背景が論旨の混乱に関わっているのかもしれません。

あらためて整理すれば、経済的価値と社会的価値の関係については次の3つの考え方が仮説として成り立ちます。

①経済的価値を実現すれば社会的価値は自ずと実現される
②社会的価値を実現すれば経済的価値は自ずと実現される
③社会的価値と経済的価値はトレードオフで両立は難しい

このうち①についてはすでに現実によって否定されているので、問題は②と③のどちらが正しいのか？　ということになるわけですが、ポーターの論文ではこの問いに対する答えは提示されておらず、2つの仮説がごちゃ混ぜになって論旨展開された挙句、最後は「これからは経済的価値だけでなく、社会的価値も追求しなければならない」という掛け声で終わってしまっています。

■「社会的価値が先行する」が結論

ということで、ここからは他の研究者による論考を補助線として引きながら、CSVのコンセプトについて考えてみましょう。

結論から言えば、先ほどの3つの仮説のうち、近年の研究の多くは②、つまり**社会的価値を実現すれば経済的価値は自ずと実現される**が可能だ、ということを示しているようです。

例えばハーバード・ビジネス・スクールのロバート・エクルズ他による研究[6]では、

6 https://www.hbs.edu/ris/Publication%20Files/SSRN-id1964011_6791edac-7daa-4603-a220-4a0c6c7a3f7a.pdf

サステナビリティポリシーを設定し、これを厳格に実行している企業の長期財務パフォーマンスは、そうでない企業と比較して2・2〜4・5％高かった、ということが明らかになっています。

このほかにも、例えば京都大学による2023年の研究[7]など、「社会的利益の創出は最終的に経済的利益となって還元される」と結論づけるものが近年は増加してきています。

敢えてシニカルな見方をすれば、このような仮説は、社会調査のリテラシーを持っている人が恣意的に操作すれば、調査の設計や集計の枠組み次第でどうにでも論証・反証できてしまう部分もあるので、なかなか微妙なのですが、昨今の社会情勢から言っても「社会的価値を創出すれば経済的価値となって還元される」ということは言えそうだ、というのがまずは素直な結論となります。

特に留意しなければならないのが、近年では、特に投資家の「社会的倫理観」が高まっており、市場の外部性[8]に頼って社会や自然や環境に負荷をかけるビジネスは、少しずつ資金調達が難しくなる傾向がある、という点です。ESG関連の投資パフォーマンスは必ずしも市場の平均を安定的に上回っているわけではありませんが、投資家が「投資の倫理」をおそらくは今後、より一層強く意識するようになるということを考えれば「社会的価値」というのは「経済的価値」を創出する上での大前提になると考えられます。

■組織風土が最もパフォーマンスに影響する

社会的価値の創出を目指している企業の方が全般的に財務パフォーマンスも優れているという傾向は、組織風土との関連から考えることができます。

今日、企業における組織風土の問題は、非常に重要なトピックとなっています。2024年2月、コンサルティング会社のマッキンゼーは「組織風土の健全性が長期パフォーマンスを予測する上で最も説明力がある」とするレポートを発表しました[9]。

私たちは、自分が所属する企業の競争力を上げるために、例えば、商品やサービス

7 https://www.kyodai-original.co.jp/wp-content/uploads/2023/03/a89c02582f7631df31d5ce63d36eeec2.pdf

8 市場取引において、取引当事者以外の第三者に影響を及ぼす効果を指す。この影響は、取引の価格に反映されず、社会全体の効率性や福祉に影響を与える。外部性には「正の外部性＝Positive Externality」と「負の外部性＝Negative Externality」があるが、今日では多くの場合、後者の意味で用いられる。

9 https://www.mckinsey.com/capabilities/people-and-organizational-performance/our-insights/organizational-health-is-still-the-key-to-long-term-performance

のパフォーマンスを上げる、製造コストを下げる、プロセスを効率化する、研究開発に投資する、人材の能力を高める……といったように、さまざまな領域で努力を重ねていますが、実は長期的な品質を予測する上で最も説明力があるのは、こういった要素ではなく「組織風土の健全性」なのです。

実を言えば、この指摘自体は組織研究者のあいだでは昔から知られていたことなのですが、今回のマッキンゼーのこのレポートは、それが「未だに有効であることが、あらためて確認された」という点で重要な意味を持っていると思います。

人事・組織関連の仕事をやっている方には「何を今さらの話」と思われるかもしれませんが、2023年3月決算期から、決算報告に「人的資本に関する情報の開示」が義務付けられることになりました。平たく言えば「組織がどういう状況にあるか」ということを、投資家に対して開示しなければならなくなったのです。

今回の人的資本開示は資本市場からの強い要請に応える形で義務化されたわけですが、なぜ投資家がこのタイミングで、人的資本に関する情報の開示を強く求めるようになったのかと言えば、まさに「組織風土の健全性に関するデータ」が、その企業の未来の姿を予測する上で非常に有効だということに気づいたからです。

■組織風土は「有意義なビジョン」で高まる

ロンドン・スクール・オブ・エコノミクスの社会人類学教授、デヴィッド・グレーバーが、著書『ブルシット・ジョブ　クソどうでもいい仕事の理論』を世に出して世界の組織研究者に衝撃を与えたのが２０１８年のことでした。

本書においてグレーバーは、社会に何の価値も生み出していない「ブルシット・ジョブ」が社会に蔓延しており、それらの仕事に携わっている人々の精神が蝕まれている、と指摘しました。

同様の問題を指摘するリサーチは近年、増加傾向にあります。例えば社員意識調査の大手であるギャロップ社によると「仕事に対して前向きに取り組んでいる」と答える従業員は全世界平均で13%となっており、またリクルートによる「働く喜び調査」では「働く喜び」を感じていると答えた人は全体の14%となっています。

その他の調査も含めてまとめれば、ざっくり9割の人は、自分の仕事を「どうでもいい」と思っており、「仕事の意味」や「やりがい」を見出せていないということが示唆されています。これはつまり、現在の社会では「モチベーションという資源が希少化している」ということを意味します。

投資家が「組織の状態に関する情報」を強く求めるようになっていることには、この「モチベーションという経営資源の希少化」という問題が絡んでいるのです。

■何が「モチベーション」を生み出すのか？

どのような時代・社会においても、個人や組織の競争優位は「希少化している資源」にアクセスできるかどうかで大きく変わってきます。もし、現在の社会で「モチベーションという資源」が希少化しているのであれば、これを獲得・創出できる個人や組織は大きなアドバンテージを持つことになります。

ではどのようにして「モチベーションという資源」を生み出すことができるのでしょうか？

モチベーションにはさまざまな要素が影響しますが、中でも最も重要な要素のひとつが「その組織が掲げているビジョン」であることがわかっています。

その組織が、人を共感させるようなビジョンを掲げているのであれば、その組織の士気は高まり、組織風土が活性化される一方で、ビジョンが掲げられていなかったり、あるいは掲げられていても曖昧だったり共感できないものであれば、その組織の士気

図7－2｜フォーチュン500トップ企業と日本企業の組織風土の比較

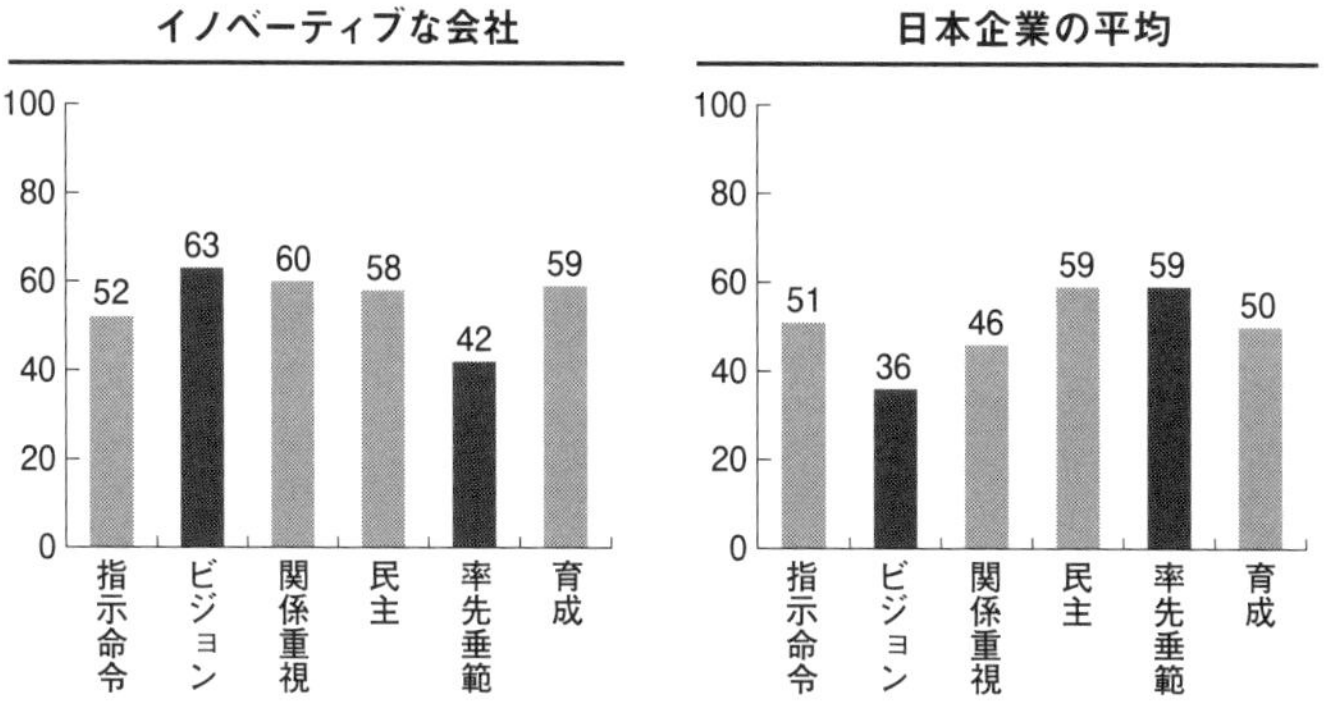

出所：コーン・フェリー

は停滞し、組織風土は不活性になります。

ここで、ポーターの指摘するCSVというコンセプトの重要性があらためて確認されます。端的に言えば「社会的価値の創造を目指す」というビジョンは「組織風土の活性化に効く」のです。

図7－2のグラフを見てください。これはフォーチュン500社の中で「最もイノベーティブとされる企業」のランキング上位の企業と、日本の大企業で行った組織風土に関する比較です。

ひと目見てわかる通り、フォーチュン500のトップ企業が「ビジョン」によって牽引されている一方で、日本の大企業は「率先垂範」によって牽引されていることがわかります。

簡単に整理すれば、前者が「社会にどういうインパクトをもたらすか」というビジョンを掲げ、そのビジョンによって組織を牽引しているのに対しては、後者ではそのようなビジョンはあまり提示されず、日々の仕事にリーダーが率先して介入することで組織を牽引しているということです。

■自分の居場所を「社会的利益」に基づいて決める

ここまでに共有した各種の研究結果を踏まえれば、私たちは「社会的価値の創出」をビジョンとして掲げ、これを実践している組織や企業に所属するべきだ、という結論が得られます。なぜなら、このような組織が、中長期的にヒト・モノ・カネといった資源……なかでも、現在の社会において最も希少な資源となっている「モチベーション」を集めることに成功し、成長・繁栄し続ける可能性が高いことが示唆されているからです。

一方で、たとえ短期的な業績に優れ、待遇面では有利な組織であっても、その組織が共感できるような社会的ビジョンを掲げていない、あるいは掲げていても、それを本気になって実行しているように思えないのであれば、そのような組織を居場所として選択することは避けた方がいい、ということになります。

すでに指摘した通り、人生は超長期にわたるプロジェクトですから、長期的な環境変化のトレンドを押さえておくことが重要です。ここ20年のあいだに起きた企業経営を取り巻く社会・環境面に関する問題意識の高まりを踏まえれば、CSV的な観点をビジョンから欠いた組織に加わって、その内部に人的資本・社会資本を蓄積することは「人生の持続可能性」という観点から大きな問題がある、と考えた方が良いでしょう。

■個人が「社会的価値」を目指して動けば社会も動く

さらに指摘すれば、このような考え方は「個人の損得」だけに留まらない社会的影響にも接続されます。というのも、もし一人一人の個人が「社会的価値の創出」という長期的な観点に基づいて居場所を選択すれば、社会的価値に無関心な企業や組織は人材を確保することができず、存続できなくなるからです。

つまり、個々人が持続可能性という観点から、自分の所属する組織や企業を選択することで、社会や環境にネガティブな影響を与えて事業を営んでいる企業や組織を、社会から淘汰することが可能になるのです。経済学者のアルバート・ハーシュマンが、システムのパフォーマンスを向上させるためには「発言と離脱」が鍵になると指摘していることは、すでに紹介しました。

昨今では、「環境や社会に良いことをやる」といったマニフェストがよく聞かれます。もちろん、これはこれで素晴らしいことなのですが、私たちは同時にまた「環境や社会に悪いことを止める」ということも進めていかなければなりません。

もし、一人一人の個人が、持続可能性という観点を意識し、経済的価値の追求ばかりで社会的価値の追求をなおざりにしているような組織から離脱すれば、それはとりもなおさず、社会全体の持続可能性の向上に、個人として貢献することにもなる、ということです。

08 内発的動機づけ

「頑張る」は「楽しむ」に勝てない

これを好むものはこれを楽しむものに如かず。

孔子

2023年夏、慶應高校野球部が「Enjoy Baseball」を理念に掲げて甲子園で優勝し、世間の注目を浴びました。それまで、甲子園で優勝するには長時間の厳しい練習に耐え、必死になって勝利を求めなければならないと考えられていたのが、「とにかく野球を楽しむこと」を理念として掲げる野球部が優勝してしまったことから、勝利至上主義、根性至上主義の人々からはやっかみ混じりのさまざまな批判がありました。

私たちは一般に「楽しむこと」を目指すのは趣味の世界であって、仕事や勝負の世界はそんなに生やさしいものではない、と考えてしまいがちです。しかし、本当にそうなのでしょうか？

今から2500年前、中国、春秋時代の思想家、孔子は「論語」において次のように語っています。

これを知るものはこれを好むものに如かず。
これを好むものはこれを楽しむものに如かず。

孔子は「あることを知っているだけの人は、それを好んでいる人には勝てない。しかし、それを好んでいる人も、それを楽しんでいる人には勝てない」と言っているのです。

この孔子の言葉を踏まえれば、慶應高校の掲げた「Enjoy Baseball」が、実は競争戦略として最も強力なアプローチだった、ということがよくわかるでしょう。なんと言っても「楽しんでやっている人」に「頑張ってやっている人」はかなわないのですから。

私たちは、パフォーマンスを上げるために「つらいことでも頑張らねば」とか「嫌なことでも続けねば」と考えて努力してしまいがちですが、孔子に言わせれば、その先には敗北しか待っていません。**本当にパフォーマンスを上げたいのであれば、むしろ逆に「楽しむこと」こそが求められるのです。**

■才能より「長く続けられるかどうか」が大事

この洞察を人生の経営戦略＝ライフ・マネジメント・ストラテジーに当てはめてみれば、私たちが選ぶべき仕事は、何よりも「楽しめる」ものであることが重要だということになります。この点について、棋士の羽生善治は次のようなコメントを残しています。

素質って本当に難しいテーマで、子供たちに会って将棋を指すと、たくさん手が読めるとか、発想が豊かだとか、正確に指せるとか、積極的に駒を動かしているとか、パッと見て手が選べるとか、一局指すとその子の持っている素質がかなり見えるんですよ。ところが、そういう素質豊かな子が全員そのまますくすく育つかとい

うと、そうでもない。（中略）
個人的に大事な要素は「地道に着実に続けられる」ということだと考えています。それが才能とか努力に結びつくのではないかと。だからたくさん手を覚えるとか計算が早くできるということも大事なんですが、将棋って、とにかく長くやっていくものなので、十年二十年経ってくると、そういうことはあまり関係なくなってくるんです。根気よく粘り強く続けられることのほうが資質とか才能より大事な要素なのかなとは思ってます。

信原幸弘・エクスナレッジ編『脳科学は何を変えるか』

羽生善治が指摘する「将棋はとにかく長くやっていくものなので、才能よりも、根気よく続けられることの方が大事」という指摘は、ライフ・マネジメント・ストラテジーに大きな示唆を与えてくれると思います。
私たちは往々にして「自分にはどんな才能があるか」「自分が人より得意なことは何か」という論点を立てて職業選択の立脚点にしようとしますが、このような立脚点は超長期のプロジェクトである人生を戦っていく上では脆弱だということです。

■「生まれつき信奉」の根強い日本

これは海外と日本で比較して感じることなのですが、どうも日本には「生まれつきの才能やセンスを持っているヤツにはかなわない」という先入観が根強い気がします。いわゆる「地頭信奉」などはその典型といえますが、「地頭」などという奇妙な概念は英語には存在しません。こういうところに「生まれ」や「血統」で人を区分したがる日本人の性質がよく出ているように思います。

日本に根強いこのような考え方は、社会心理学者のキャロル・ドゥエックによって「硬直マインドセット＝Fixed Mindset」と名付けられた考え方です。硬直マインドセットとは「成功できるかどうかは生まれつきの資質や才能で決まる」という発想であり、したがって「才能に恵まれない自分がいくら努力したところで無駄」という考え方です。

これとは真逆の考え方が「しなやかマインドセット＝Growth Mindset」です。しなやかマインドセットの持ち主は、何かにチャレンジして失敗しても「自分には才能がなかった」とすぐに諦めてしまうことなく、改めるべき点について考えた上で「よし、もう一回」とチャレンジしようとします。両者の違いは、しばしば「気概」や「根性」によって生まれるとされがちですが、なんのことはない、「好きでやっている人」は何度失敗してもやり直そうとする、というのが孔子の指摘の本質なのです。

羽生善治が指摘している通り、そして本書において何度も繰り返しているように、人生は超長期にわたるゲームなので、才能やセンスよりも「長く努力を続けられる」ということの方が要素としては決定的です。特に、これからの世界では、健康寿命の長期化によって、多くの人が70~80代まで働くことになる、ということを考えると、職業選択において、この「長く続けられる」という要件は決定的に重要になってくると思います。

■「楽しむ人」にはかなわない

この「楽しむ人にはかなわない」という孔子の指摘を、痛いほどわからせてくれるのが、20世紀初頭に行われたノルウェーの探検家、ロワール・アムンゼンとイギリスの海軍軍人、ロバート・スコットによる南極点到達レースの物語です。

1910年に争われたこのレースの結果は皆さんもご存じの通り、アムンゼン隊が、大きなトラブルに遭遇することもなく、後に「あれほど楽しい探検行はなかった」

と隊員が述懐するほどスムーズに南極点に到達したのに対して、スコット隊はありとあらゆるトラブルに見舞われた挙句、最後は犬を載せた数百キロの重さのソリを猛吹雪のなか人が引いていくという信じがたい状況に陥り、隊長であるスコット以下全員死亡するという悲惨な結果に終わっています。つまり、このレースは、アムンゼンの「圧倒的大差での勝利」となったわけですが、では、この「圧倒的な大差」が生まれた原因はどこにあったのでしょうか?

私の見解はスコットが「頑張る人」であったのに対して、アムンゼンは「楽しむ人」だったから、ということになります。

■「どれだけ親しんできたか?」が重要

アムンゼンは、同じノルウェー出身の探検家フリチョフ・ナンセンによるグリーンランド横断に感動して、16歳の時に探検家になることを決意しています。その後は、ありとあらゆる探検記を読み耽って成功・失敗の要因を分析する等、知識レベルでの研鑽を積み重ねる一方で、極地の寒さに体を慣らすために真冬に窓を開け放って寝たり、あるいは極地で必須となるスキーや犬ぞりの技術を身につけたりといった身体レベルでの研鑽を積み重ねており、人生のありとあらゆる活動を「極地探検家として成功する」という目的のために一分の隙もなくプログラムしてきた人物です。

一方、スコットは海軍で出世し、提督になることを夢見ていた人物で、元から極地探検に興味があったわけではありません。おそらくは謹厳実直で非常に優秀な人物だったのでしょう。知り合いの有力者から「南極探検の隊長に最適の人物」と推挙され、おそらくは本人もこの抜擢が海軍での出世のチャンスになると考え、最終的にこれを引き受けてアムンゼンと争うことになります。

アムンゼンが十代からすでに極地探検家になるための知識の蓄積・実地の体験を積み重ねてきたのに対して、スコットは南極探検隊隊長のポジションを打診されてから、言うなれば付け焼き刃的に知識やスキルを詰め込んだに過ぎません。このように比較してみれば、二人の累積思考量の違いには天と地の開きがあったことでしょう。この思考量の違いが最終的には大きなパフォーマンスの違いになって現れるのです。

組織論の用語を用いて言えば、アムンゼンが「内発的動機＝興味や好奇心や向上心など、内面から湧き出る欲求によって喚起された動機」で動いていたのに対して、スコットは「外発的動機＝金銭や地位や名誉など、外側から与えられた刺激によって喚起された動機」で動いていたということになります。

これまでの社会心理学の研究結果が示す通り「外発的動機で動く人＝頑張る人」は「内発的動機で動く人＝楽しむ人」には勝てない、という結果になったのです。

■報酬の危険性

これまでの心理学における研究結果は、わたしたちに、報酬というものの扱いの難しさをしみじみと感じさせられます。

私たちは霞を食べて生きていけるわけではありませんから、報酬は必ず必要になります。しかし、これだけを求めて自分を駆動すれば、超長期にわたる人生というプロジェクトを通じてパフォーマンスを維持することは難しいと考えられるのです。

孔子の「これを楽しんでやっている人には誰もかなわない」という指摘をあらためて踏まえれば、私たちが就くべきなのは「最も楽しんで取り組める仕事」ということになります。

09 リソース・ベースド・ビュー

「強み」ではなく「真似できない特徴」に着目する

愚行というものは「似ても似つかないもの」を真似ようとすることで生まれる。

サミュエル・ジョンソン

本節では競争戦略論の一大派閥であるケイパビリティ学派の中心をなすコンセプト、リソース・ベースド・ビュー（＝以下RBV）について考察します。RBVでは、企業の持続的な競争優位性が、その企業が持つ独自の資源や能力に依存する、と考えます。1990年代初頭に、当時オハイオ州立大学で教鞭をとっていたジェイ・バーニーらが中心となって研究を推進しました。

この説明を読んで「おや？」と思われた方もおられるかもしれませんね。そう、この考え方はすでに説明した「ポジショニング」の考え方と真っ向からぶつかる考え方なのです。

あらためて整理すると、両者を対比すれば、次のようになります。

ポジショニング　：企業の競争優位は、その企業の立地＝ポジショニングで決まる
ＲＢＶ　　　　　：企業の競争力は、その企業の有する独自の資源や能力で決まる

こうやって並べてみれば、なるほど両者が真っ向からぶつかるのがよくわかります。したがい、両派の経営学者は犬猿の仲と言っていい状態で、中でもポジショニング学派の開祖であるマイケル・ポーターは口を極めてＲＢＶの考え方を罵っています。

競争優位の形成において本当に重要なのはポジショニングなのかＲＢＶなのか、というのが両者の争点ですが、私自身は、そもそもこの争点の立て方自体がナンセンスだと長らく思っていました。経営学は理論物理のようなハードサイエンスではなく、所詮は実学の体系ですから、学術的な洗練性よりも、経営実務の現場で「役に立つ」ことの方がはるかに重要です。

戦略コンサルティングの現場でポジショニングとＲＢＶの知見を日々、使い倒していた当時の私は、ヒートアップする両者の泥試合を「そんなの〝どっちも大事〟に決まってるじゃんか」と冷ややかに眺めていましたが、現在の経営学会でもようやく同様の結論に着地したそうなので、この論点に関する考察はここで止めておきましょう。[10]

■「手に入らない資源や能力」が大事

具体的には、ＲＢＶでは、次の４つの条件を満たした資源や能力を確保することで、競争優位を確立できると考えます。

有用性（Valuable）：市場機会を捉え、競合と対抗する上で有用であること
希少性（Rare）：競争相手が容易に獲得できない希少性があること
模倣困難性（Inimitable）：他の企業が容易に真似できないこと
代替不能性（Non-substitutable）：他の資源で代替できないこと

有用性については言うまでもありませんが、ここで興味深いのは「希少性」「模倣困難性」「代替不能性」という3つの条件です。これらはひっくるめて表現すれば、RBVでは、保有している能力や資源の「量」や「質」ではなく、その能力や資源の「調達困難性」が重要だと言っているのです。

この指摘を個人のライフ・マネジメント・ストラテジーに当てはめて考えると、多くの人が身につけるために時間資本を投資しているような流行の資格や学位や知識というのは、RBVの戦略的観点からすれば、実は最も時間資本を投資してはいけない対象だということになります。なぜなら、そのような知識や能力は、他にいくらでも調達が可能だからです。

例えば一時期、盛んに「これからはSTEMだ」ということが言われました。STEMとは「Science」「Technology」「Engineering」「Mathematic」の4つの言葉の頭文字をとったもので、要は理系の応用系学問の学位のことです。このような煽りを受け、子どもにプログラミングを習わせるような人も出てきたわけですが、よくよく注

10 実証研究の結果は、企業の収益性のばらつきに対して、経済全体の好不況の影響がおおむね1割、業界の魅力度（＝ポジショニング）がおおむね1割、個別企業の経営資源の違い（＝RBV）がおおむね4割の説明力を持つことがわかっています。残りの4割は不確実性です。

意して考えなければなりません。一時期にある学位やスキルが流行し、そのスキルを身につければ、これから先の人生では常に同年代の労働市場において供給過剰の学位やスキルになるということでもあるのです。すでに指摘した通り、現在、AI関連のエンジニアの報酬が暴騰しているのは、それが「人気の学位やスキル」だったからではなく、まったく逆で「不人気の学位やスキル」だったからです。

■極端な弱みは強みになる可能性がある

その時代において流行している学位や資格の獲得が競争優位に貢献しないのだとすれば、私たちは何に着眼すればいいのでしょうか？

結論は明白です。RBVの観点から、競争優位の形成に貢献する資源の条件が「調達困難性」にあるのであるとすれば、私たちは「自分の強みは何か？」という問いについて考えるのを止めて、「他の人にはない、私のユニークな特徴は何か？」という問いについて考え、そして、その特徴をどうやってキャリアや仕事につなげられるかを考えるべきだ、ということになります。

ひと言でいえば、私たちは**「自分で自分のプロデューサーになる」**ことが求められるのです。

さらに指摘すれば「その人ならではの特徴」は、往々にして「弱み」に直結しているとも言えるでしょう。

マイルス・デイヴィスの「カインド・オブ・ブルー」は、史上もっとも売れたジャズアルバムだと言われていますが、あの抑制の効いたクールな演奏は、当時流行していた、ジョン・コルトレーンやチャーリー・パーカーのように超絶技巧で吹きまくるスタイルができない、言うなれば「マイルスの下手さ」によって生み出されています。マイルスがライバルに嫉妬して「自分の弱点を克服する」と奮起して練習などしていたら、あの傑作アルバムは生まれなかったのです。

これは「プロデュースの基本」とも言えます。プロデュースにおいて重要なのは「欠点を矯正する」ことではなく「ユニークな点を伸ばす」ということです。私たちは往々にして「人の欠点」を見て、それを矯正しようとしてしまいますが、プロデュースにおいて重要なのは「人のユニークな点」を見て、それをどう時代の文脈で意味づけるか、ということなのです。

なぜなら社会で評価されるのは「平均点」ではなく、他人には真似のできないユニークさだからです。そしてこのユニークさは、往々にして本人が考える「欠点」と表裏一体なのです。

■「強みは何か」は危険な問い

さらに指摘すれば、この「自分の強みは何か？」という問いは、そもそもミスリーディングだとも言えます。

というのも、これまでの研究から、私たちの自己評価には非常に強い上方バイアス、つまり「実際の自分の能力よりも上側に誤って評価してしまう傾向」があることがわかっているからです。

有名なのはコーネル大学の心理学教授デヴィッド・ダニングとジャスティン・クルーガーによる研究です。彼らは、心理学を学ぶ学生たちに、文法や論理思考、ジョークなどのさまざまなテストを実施し、各自の得点予想や他の学生たちに比べてどのくらいできたのかを自己評価するよう求めました。結果、わかったのは「成績の悪い生徒ほど自己評価が高い一方で、成績上位の生徒は自己評価が控え目だった」ということです。今日、この発見は人事・組織に関わっている人のあいだでは「ダニング＝クルーガー効果」という名前で広く知られるようになりましたが、このような現象は、ダニ

ングとクルーガーの研究以外にも数多く確認されており、これまでの研究から

・90％の人は自分が平均以上に運転が上手だと思っている
・60％の学生はコミュニケーション能力の上位10％に入ると思っている
・90％の教授は自分が平均以上に業績を上げていると思っている

ということがわかっています。何ともはや、人間というのは度し難いものだなと思わされます。

要するに私たちは「自分は何が得意か」という判断について、相当ポンコツな精度の判断能力しか持っていない、ということです。このように考えていくと「何が得意か」という論点を軸足にしてキャリアの選択を考えることは、ほとんど無意味であるばかりか、むしろキャリアをミスリードする要因になりかねないと言えます。

■「長く続けてきたこと」に着目する

重要なのは「強み」ではなく「特徴」を抽出する、ということですが、ではどこに

着眼すれば、私たちは自分の「特徴」を捉えることができるのでしょうか？

本書の枠組みに沿って考えれば、「調達困難な資源や能力」とは「時間資本を大量に投下しないと獲得できない資源や能力」のことですから、ひとつの考え方として、着眼するべきなのは「長く続けてきたこと」だということになります。

競争優位の形成に貢献する調達困難な知識やスキルが「身につけるのに長い時間がかかる」のであれば、自分の人生を棚卸してみて、他人と比較して際立って長い時間を投入した活動に、その知識やスキルは関連しているはずです。

前節で紹介した通り、南極点初到達などの偉業を成し遂げたノルウェーの探検家、ロアール・アムンセンは、幼少期から探検家に憧れ、ありとあらゆる探検記を読んできたことで、過去の探検に関する疑似的なデータベースが脳内に形成され、これが数々の探検を成功裡にみちびく基礎的なリテラシーになっています。

不肖ながら筆者の場合、学生時代から慣れ親しんできた哲学や歴史や人類学や心理学といった人文科学領域がそれに該当する、ということになるのでしょう。当の本人は、それらが将来、労働市場において競争優位を形成することに貢献するなどというパースペクティブは1ミリも持っておらず、純粋に「ただ好きだから」ということで時間資本を投下し続けていたわけですが、逆にだからこそ、膨大な累積時間を投下できた、ということも言えるでしょう。結果的に、経営学の知識に頼らない、人文学の知識に頼ってコンサルティングを行うというアプローチが、私にとってはコンサルティング市場におけるブルー・オーシャンを生み出してくれたという側面は否めません。

本書の前半において私は、人生を超長期のプロジェクトとして捉えることを提案していますが、人生の全てを見通すことはできません。スティーブ・ジョブズがスタンフォード大学の卒業生に向けて語ったように、私たちは未来を見るとき、また同時に過去も見ることで、過去から現在、現在から未来へと「点をつないでいく＝Connect the dots」しかないということです。

10 イニシアチブ・ポートフォリオ
異質な仕事を組み合わせる

目標を達成するための「複数の選択肢の組み合わせ」を戦略という。ひとつの選択肢しかなければそれは戦略ではない。

バーナード・モントゴメリー

コロナパンデミックの影響でリモートワークが全世界的に浸透したことで、今日の世界では、いわゆる「兼業・副業」がなし崩し的に常態化しつつあります。

これまで長いこと、キャリアというのは基本的に「一時期にやれるのはひとつの仕事」という前提で考えられていました。しかし、リモートワークが社会に浸透し、「仕事と場所」の紐付きが解除されたことで、この前提が無効化されつつあるのです。おそらく、近い将来、私たちが長らく当たり前だと思っていた「一時期にやれるのはひとつの仕事」という常識は溶解し、複数の仕事に同時に携わるのが、新しい「働き方の当たり前」になるのでしょう。

そうなると、私たちはこれから、ひとつひとつの仕事の良し悪しに加えて、それらひとつひとつの仕事の「組み合わせの良し悪し」についても、同時に考えていく必要があります。

ここで出てくるのが「ポートフォリオ」という概念です。**ポートフォリオという言葉は、もともとは「書類を束ねて納めるカバン」のことを意味しましたが、企業経営の世界では主に「投資や取り組みの集合体」という意味で用いられています。**

投資では、株式や債券や不動産といったさまざまな資産の適切な集合体＝ポートフォリオを持つことで、市場の変動が一部の資産に与えるネガティブな影響を相殺し、リスクとリターンのバランスを最適化することを目指します。

このような、さまざまな資産の集合体のことを「投資のポートフォリオ」と言いますが、同様の考え方が、私たちの「人生の経営戦略＝ライフ・マネジメント・ストラテジー」にも求められます。

■ポートフォリオのメリット

では「仕事のポートフォリオ」を持つことには、どのようなメリットがあるのでしょうか？　次の４つが考えられます。

成長の機会

新しいスキル・知識・経験を獲得する機会が増えることで学習や成長が加速され、新しいキャリアの機会が拡がります。

キャリアの多様性

ひとつの仕事に携わることでは得られない多様な経験や知識を得ることができ、自分の内部に多様な視点・スキル・価値観を持つことができるようになります。

人的ネットワークの構築

本業とは異なる人的ネットワークを持つことができます。特に、所属する組織の外部に人的ネットワークを広げることができれば、キャリアの多様性・堅牢性を高めることができます。

リスク分散

異なる仕事や収入源を持つことで、経済的リスクを分散できます。例えば、本業が不安定になった場合でも、副業からの収入で生活の安定を保つことができます。

このようにして整理してみると、実は「仕事のポートフォリオ」を持つことは、本書の前半で規定した「人生というプロジェクト」を構成する3要素である人的資本・社会資本・金融資本という3つの資産に、それぞれポジティブな影響をもたらしてくれるということがわかるでしょう。

複数の仕事をポートフォリオとして持つことは、成長が停滞して「経験価値のデフレ」が起きている現在の日本のような社会では、成長機会の増加、社会資本の分散、安定性の向上といった観点から、必須に求められるものです。[11]

11 このような提案に対して「うちの会社は兼業・副業を禁止しているのです」という反論をいただくことがあるのですが、まず基本的な前提として、企業は従業員の兼業・副業を禁止することはできません。就業規則で定められた時間以外の時間をどのように使うかについて会社は従業員に命令できないからです。過去には就業規則の「副業禁止事項」が違法とされた判例もあるくらいですから、「兼業・副業は禁止されている」という人は一度きちんと会社と話し合ってみたらいいと思います。

■リスクとリターンの性質の違う仕事を組み合わせる

仕事のポートフォリオがさまざまな側面でポジティブな影響をもたらしてくれるのはわかったとして、では、どのような「仕事の組み合わせ」を私たちは目指すべきなのでしょうか？　「仕事のポートフォリオ」を考える上では次の３つの視点が必要です

視点１：リスクとリターンのバランス
視点２：長期・短期のバランス
視点３：ライスワークとライフワークのバランス

順に考察していきましょう。

ひとつ目は「リスクとリターンの性質の違う仕事を組み合わせる」という視点です。具体的には、**一方に「安定的だけれども大化けするリスクのない仕事」を持ちながら、片方に、「不安定だけれども大化けするリスクのある仕事」を持つ、というアプローチです。**これは、金融投資の世界において「バーベル戦略」と呼ばれる考え方です。

ここで、もしかしたら「リスク」という言葉に過敏に反応する人がいるかもしれません。リスクには必ずしも「下方にぶれるリスク」だけではなく、同時に「上側にぶれるリスク」もある、ということを忘れてはなりません。リスクという言葉はネガティブに捉えられがちですが、そもそもの意味は「不確実性」ですから、これを排除してしまえば、私たちの人生から「上側に大化けする不確実性」もまた、排除してしまうことになります。

では「上側の不確実性」を人生に取り込みながら、「下側の不確実性」を最小化するためにはどうすればいいのでしょうか？

まず押さえておくべきなのは「リスクとリターンには非対称性がある」というポイントです。この非対称性をうまく組み合わせることで「上側には大化けするリスクがあるけれど、下側には大損するリスクはない」という仕事のポートフォリオをつくることを目指すのです。

ええ!? そんな都合の良いことが可能なの？ と思われるかもしれませんが、歴史上、バーベル戦略を実践して世に出た人物はたくさんいます。

■アインシュタインはバーベル戦略のお手本

例えば、ベルンの特許局の役人として働きながら、余暇の時間を使って論文を書き、その論文によってノーベル賞を受賞したアインシュタインは、典型的な「人生のバーベル戦略」の実践者といえます。

理論物理の論文を書くというプロジェクトには大きな「リターンとリスクの非対称性」があります。論文を書くことで失われるものは、研究に費やした時間と執筆に用いる文房具代くらいのものですが、一方で、もし論文が高く評価されれば、得られるリターンの大きさは計り知れません。

他にも、保険会社に勤めながら余暇の時間を使って画期的な小説を書いたフランツ・カフカや、大手都市銀行の管理職という本業を持ちながら作詞家・音楽家としての活動も並行してヒット曲を次々に生み出した小椋佳などもバーベル戦略の実践者だと言えるでしょう。

■「時間軸の違い」を盛り込む

次に「仕事のポートフォリオ」を考える上での「2つ目の視点」が「時間軸」です。ここではコンサルティング会社のマッキンゼーが提唱している「イニシアチブ・ポートフォリオ」のコンセプトをもとに考えてみましょう。

イニシアチブ・ポートフォリオでは、横軸に「時間軸」を、縦軸に「本業との近さ」をとって、自分の取り組みのポートフォリオを確認します。

横軸：収益化する時期
・目先：1年以内
・中期：3〜5年
・未来：10年〜

縦軸：本業との近さ
・高　：本業あるいは近接領域
・低　：本業とは関連しない領域
・不明：本業との関係すらわからない領域

このように横軸・縦軸を定義して、私自身のイニシアチブ・ポートフォリオを題材にして整理すると、次のような図ができます。ここでは、筆者の「30代まで」と「40代から」の働き方を題材にイニシアチブ・ポートフォリオの違いを整理しています。

上側の「30代まで」のイニシアチブ・ポートフォリオでは、時間資本のほとんどを本業であるコンサルティングに投下しています。「人生の夏」の前半において、コンサルティングという本業の領域で人的資本を築いていく上では有効ですが、このままでは次のステージに向けた布石が打てず、アップサイドのリスクも取り込めません。

さて一方で、下側の「40代から」のイニシアチブ・ポートフォリオでは、時間資本のおよそ半分が本業であるコンサルティングに投下されていますが、同時に「調査研究」「ブログ執筆」「講演」「投資その他」の領域にも時間資本が投下されています。

結果的に、当初はなんの収益も生まなかった、これら「本業以外のイニシアチブ」が、やがて少しずつ社会資本・金融資本を生み出すようになり、最終的には本業を上回るような成果が出てきたことから、「人生の秋」のステージへとスムーズにトランジットすることができたのです。

私たちは、ともすると「目先の利益」だけにとらわれて、そこに全ての資源を注ぎ込むということをやってしまいがちです。こうなると、未来に向けた布石がなかなか

図10－1｜筆者自身のイニシアチブ・ポートフォリオ

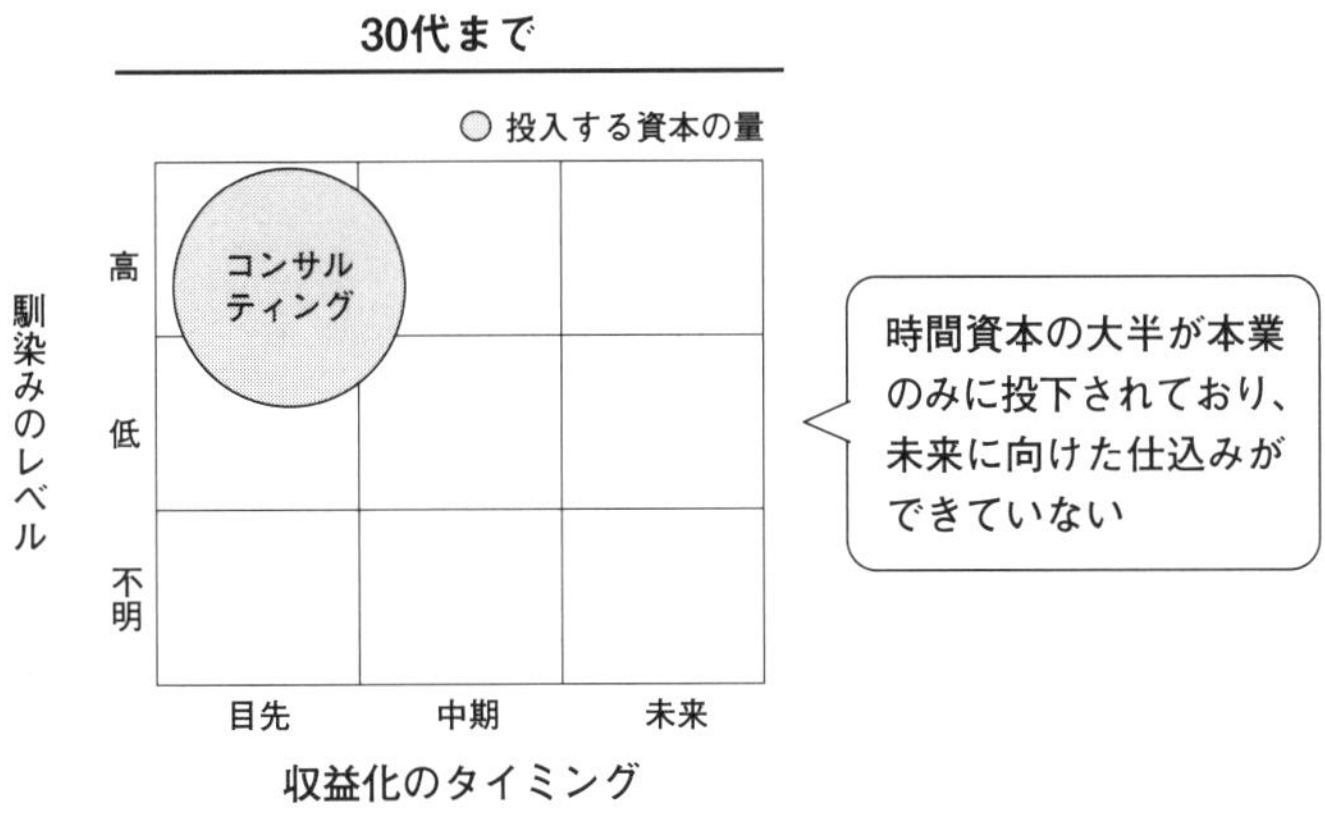

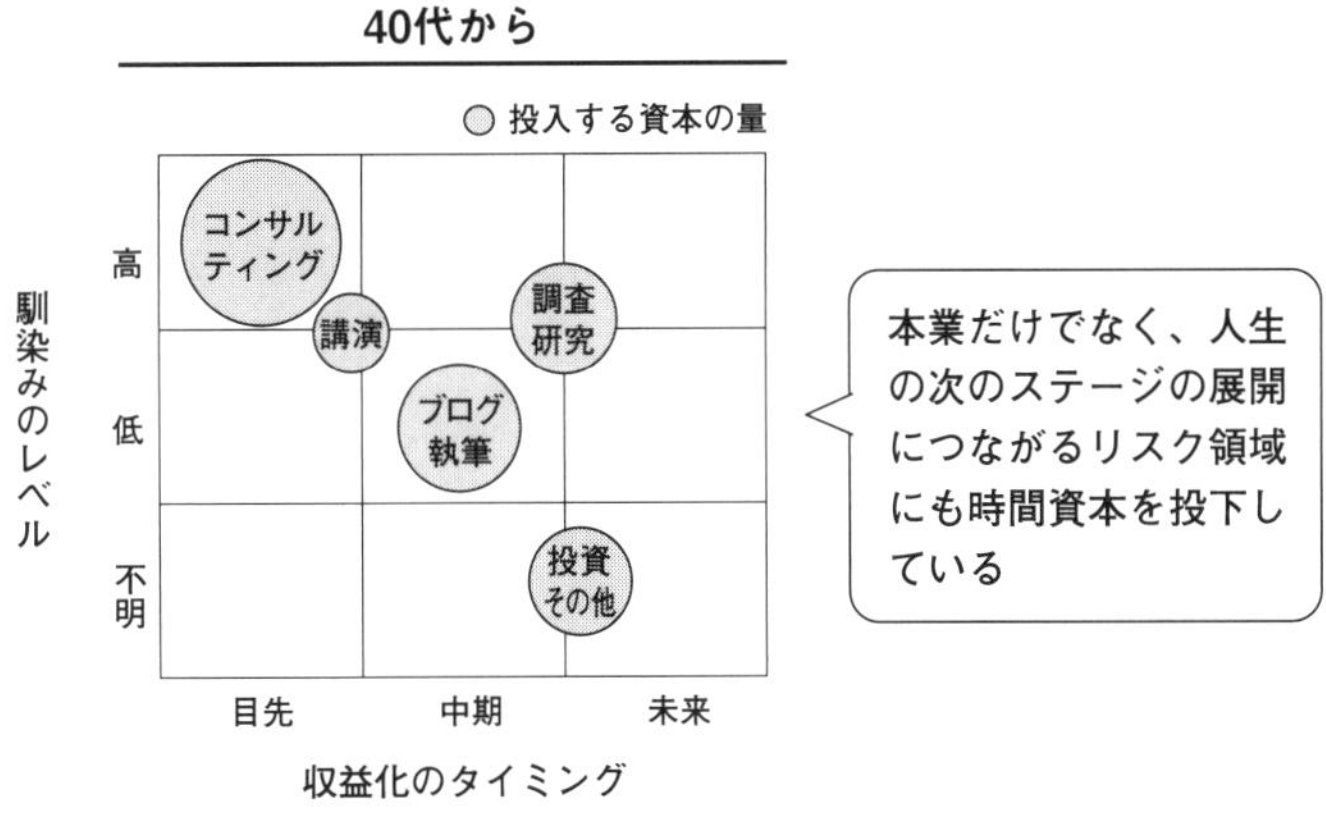

打てず、上側の不確実性を人生に取り込むことができません。

イニシアチブ・ポートフォリオによって、自分の時間資本の配分を可視化すること で、ともすると目先の利益に傾斜してしまいがちな時間資本の配分を自分で律するこ とができるようになります。言うなれば、**イニシアチブ・ポートフォリオは、自分の時間資本の投資配分に関する「自身によるガバナンス」を効かすためのツール**なのです。

■「ライスワーク」と「ライフワーク」のバランス

最後に「仕事のポートフォリオ」を考える上での3つ目の視点が「ライスワークとライフワーク」のバランスです。

ライスワークとは「ライス=ご飯を得るためにやる仕事」という意味で、生活費を稼ぐため、あるいは生活の安定のために必要な仕事です。

一方のライフワークとは「ライフ=人生を得るためにやる仕事」という意味で、自己実現のため、人生を充実させるために必要な仕事です。

本書の前半部において「人生というプロジェクトの目的」を「自分らしさ」と「経済的・社会的成功」の両立、と定義しましたが、ライスワークとライフワークのバランスはこの目的に直接的に関わってくることになります。

昨今、よくキャリアに関するイベントなどで「いまの仕事にやりがいを感じない。ビジョンに共感するＮＰＯに参加しようと思っているが、どう思うか？」といった類の質問をいただきます。私の回答は常に一緒で「そのＮＰＯは現業を止めないと参加できないのですか？」というものです。要するに「ワガママを言って、現業を止めずに、兼業としてＮＰＯを手伝ってはどうか？」と言っているわけです。

この点については「オプション・バリュー」の節であらためて触れますが、**私たちの人生には大きな不確実性が伴うため、選択肢が減るようなアクションは基本的に常に悪手と考えるべきです。**そのＮＰＯが、外側から見ていていかにビジョンに共感できそうであっても、入ってみたら上司や同僚と全くウマが合わなかった、ということだってありうるでしょう。であれば、本業を続けながら、そのＮＰＯにできる範囲で関わってみて、そこが本当に自分の時間資本を投入するに値すると思えるような組織であるかどうかを見極められるまで、判断を留保する方が賢明でしょう。

私自身が、営利企業の経営に携わりながら、同時に理事としてＮＰＯの運営にも携わっているという個人的な経緯・立場から感じているのは、営利組織と非営利組織にはそれぞれの長所・短所があり「どちらかだけを選ぶ」よりも「どちらにも関わる」

ことで双方のネガを補完的に打ち消しあうことができ、より持続可能性が高い、ということです。

世の中に「理想の職業」などというものはありません。それぞれの仕事にはその仕事固有の長所・短所が必ずあります。であれば、私たちは虚像でしかない「理想の職業」を追い求めるよりも「複数の仕事の長所と短所を補完的にうまく組み合わせること」を追い求めるべきでしょう。

■ソーシャルビジネスと営利事業を組み合わせる

イニシアチブ・ポートフォリオのコンセプトは、特にソーシャルビジネスやNPOや芸術・文化活動など、経済的安定性の確保が必ずしも容易でない分野において非常に有効な戦略となります。

これらの分野では、社会的な意義ややりがいを感じることができる一方で、必ずしも収益が安定するとは限りません。そのため、安定した収益を確保できる仕事をポートフォリオの片側に配置し、もう片側には自分が本当にやりたい、しかし収益が不安定な仕事を組み合わせることで、バランスを取ることが可能になります。

このようなポートフォリオの構築は、長期的なキャリアの安定と充実感の両立を目指すうえで、非常に効果的です。

本来、社会的な資金のシフトは政府が主導すべき仕事ですが、個人がこうしたポートフォリオを通じて働くことで、個人レベルで社会における資金のシフトが生じる可能性があります。安定した収益を得る仕事と、社会的に意義のある仕事を組み合わせることで、結果として社会全体の資源配分に影響を与え、個人を経由して社会的な価値の再配分が促進されるのです。

■とはいえ「戦略資源の逐次分散投入」には注意

ここでひとつだけ注意を促しておきたいと思います。

ここまでの指摘を読めば、私たちにとって「兼業・副業の時代の到来」は良いことずくめのように思われるかもしれませんが、ことはそう簡単ではありません。私は、兼業・副業が常態化することで生まれるキャリアへのネガティブな影響もあると考えています。

それは「戦略資源の逐次分散投入」です。

最も初期に書かれた戦略論のひとつである、カール・フォン・クラウゼビッツの『戦略論』をはじめとして、**古今の戦略家の多くが、戦略資源を空間的・時間的に分散して投入することの危険性について警鐘をならしています。**

人生には、レーザーのように自分の時間・能力・精神を集中させなければならない時期が必ずあります。いわゆる「勝負どころ」というやつですね。

このような時期の見極めができず、頭でっかちに「ポートフォリオが重要だ」と考えて、自分の持っている資源を複数の仕事やイニシアチブに分散させてしまうと、資源を集中していれば達成できたはずの成果や得られたはずの成長が、中途半端なレベルで終わってしまうというリスクがあります。

したがって、いくら「これからのキャリアは兼業・副業が常態化する」といっても、個々人の状況に応じて、戦略資源の集中と分散の度合いは、戦略的にダイナミックに変動させなければならない、ということです。

■私がブログを書き始めた理由

最後に、私自身のケースを共有して本節を締めくくることにしましょう。

先述した通り、私は30歳を境にコピーライター・クリエイターとしての自分の将来性に見切りをつけて電通を退社し、米国の戦略系コンサルティング会社に転職しました。

仕事はさすがに厳しく、連日、深夜まで働く日々が数年にわたって続きましたが、同時にやりがいもあり、また幸いにもウマの合う同僚にも恵まれ、30代の半ばの頃には「このままいけばパートナーになるのかなあ？」などとぼんやりと考えていました。

当然のことながら、当時は自分の時間資本の全てを目先のコンサルティングの仕事と、その仕事で成果を出すための短期的な勉強のために投入していました。

しかし、そんなある日、上司に当たるパートナーの人たちのあまりの多忙ぶりを見るにつけ、ふと考えてしまったのです。それは「なぜコンサルティング会社のパートナーは、職位が上がれば上がるほど、忙しそうなのか？」「そもそも自分は10年後にこうなりたいと思っているのか？」という問題です。

悶々と考えた結果は非常にシンプルでした。それは「自分の時間を他人に売るというコンサルティングのビジネスモデルの構造上、自分の価値が上がれば上がるほど、機会費用が大きくなるから」ということです。平たく言えば、偉くなると「何もやっていない時間＝アイドルタイムのコストが高くなる」のです。

もともとからマイペースな性格で、キャリアの最終ステージではゆっくりと思索と著述に携わればいいなあ、などと考えていた自分にとって、これは大きな気づきでした。このまま、目先の仕事に粉骨砕身して頑張ることは、身動きの取れない袋小路に自分を追い詰めることになる、と気づいてしまったのですから。

さて、ではどうすればいいのでしょうか？　このとき、まさに自分をクライアントとして、ビジネスモデルのトランスフォーメーションを考えたわけです。

結論はすぐに出ました。「自分の時間を切り売りする」というビジネスモデルに依存する以上、市場価値が上昇すれば、同時に機会費用も増大する、という循環問題からは脱却できません。

この構造から抜けるためには「自分以外の何かに働いてもらう」しかありません。そこで私の場合、それを「自分の生み出したコンテンツ」にまずは設定し、40代からはコンサルティングのウェイトを半分に落として、著作やコンテンツ制作に関する領域のウェイトを重くすることを考えて、時間資本の資源配分を見直すことにしました。

具体的な内容を記せば、まずは論点を立ててテーマを設定し、書籍やレポートや人からのインプットを分析して文章にまとめ、それをブログや冊子として定期的に発信する、ということを始めたのです。

1週間に1回、必ずまとまった論考をブログとして上げる、ということを自分のノルマにして、それをずっと続けていたところ、5年ほど経ったタイミングでプロの編集者の方から「とても内容が面白いので本にしませんか？」と声をかけていただき、それが最初の本の出版につながったのです。

そして、この最初の出版が、次の出版、また次の出版へと数珠のようにつながり、やがて、それまで行っていた営利企業向けのコンサルティング以外の仕事、例えば文化施設や自治体のアドバイザー、公的機関における講演、ラジオ番組のパーソナリティ、果ては世界経済フォーラムのような国外の機関の研究メンバーなどの仕事へとつながり、仕事のポートフォリオも収入のポートフォリオも大きく変わったのです。

私のポートフォリオの転換に関して言えば、確かに「運が良かった」ということはあるかもしれません。しかし、自分から不確実性の中に身を投げ出していかなければ「運を人生に取り込む」ことすらできません。

本書で何度も指摘していることですが、現在のように不確実性の高い時代においては、不確実性をむしろポジティブに取り込むことが重要になってきます。イニシアチブ・ポートフォリオの考え方は、まさにこの「不確実性をポジティブに人生に取り込む」ためのフレームワークなのだということができるでしょう。

第 4 章

選択と意思決定について

LIFE MANAGEMENT STRATEGY

転職や転居や結婚といった大きなものから、夕食のメニューや休日の過ごし方といった瑣末に見えるものまで、人生は無数の「選択と意思決定」によって成り立っています。

したがって、人生の経営戦略＝ライフ・マネジメント・ストラテジーにおいて、この「日々、繰り返される意思決定の巧拙」という問題は非常に重要な論点となります。

本章では、経営学で扱われる「意思決定の技術＝ The Arts and Sciences of Decision Making」について説明し、それを人生に活用する方策について考えます。

11 ブルー・オーシャン戦略

自分ならではの「組み合わせ」をつくる

競争に負けたのが負け犬じゃない、戦っている時点ですでに負け犬なんだよ。

ピーター・ティール

ブルー・オーシャン戦略は、2005年にINSEAD（欧州経営大学院）の教授であるW・チャン・キムとレネ・モボルニュによって提唱された経営戦略理論です。

彼らの著書『ブルー・オーシャン戦略』は、日本でもベストセラーになりましたから、読んだという人もおられるでしょう。

あらためて確認すれば、**ブルー・オーシャン戦略とは、従来の競争が激しい市場＝レッドオーシャンでの血みどろの戦いを避けて、競合には真似のできない独自の価値**

提案を行い、競争のない独自の市場＝ブルー・オーシャンを創出することを目指す戦略のことです。

ブルー・オーシャン戦略の鍵となるのが「価値の新しい組み合わせ」です。その成功事例の筆頭として本で紹介されているのがカナダのパフォーマンスカンパニー、シルク・ドゥ・ソレイユです。

シルクとはフランス語でサーカスのことですが、シルク・ドゥ・ソレイユのパフォーマンスを一度でも見たことのある人であれば、これが古典的なサーカスとは大きく異なるものだということはご存じだと思います。

具体的には、シルク・ドゥ・ソレイユは、それまでのサーカスが提供していたスリルとユーモアに音楽性・芸術性・幻想性といった要素を「組み合わせる」ことで、独自の世界観をつくりあげています。

この「組み合わせ」がブルー・オーシャン戦略の実践においては鍵となります。気をつけて欲しいのは、これは「新しい価値」の「組み合わせ」ではなく「既存の価値」の「新しい組み合わせ」だということです。ブルー・オーシャンの実践にあたって重要なのは、「新しい価値を創出する」ことではなく、既存の価値の「新しい組み合わせを創出する」ことなのです。

そして、この考え方は、人生の経営戦略＝ライフ・マネジメント・ストラテジーにも非常に大きな洞察を与えてくれます。

ブルー・オーシャン戦略をライフ・マネジメント・ストラテジーに反映させることを考えた場合、重要なのは「独自の交差点を作る」ことです。独自の存在感を放っている人を振り返ってみると、その「立ち位置」は、他の誰が立つこともできない、ユニークな交差点であることに気づくはずです。

アメリカのロック × イギリスのモッズスタイル ＝ ビートルズ
リベラルアーツ × テクノロジー ＝ アップル
安価な男性服の素材 × 高級オートクチュール ＝ シャネル
クラシックの作曲理論 × ポップス ＝ 坂本龍一

■組み合わせは一流でなくてもいい

ここで非常に重要になってくるのが、交差点に立つ場合、掛け合わせるそれぞれの要素は、必ずしも超A級のトップクラスでなくても構わないということです。具体的な事例を挙げて説明しましょう。

私が大学院で文化施設経営の研究をやっていたころ、ロンドンに拠点を持つ「劇場経営に特化したコンサルティングファーム」の取材をしたことがあります。このファームには元コンサルティングファームのコンサルタントや、元金融機関のアナリストが集まっていましたが、共通していたのは文化・芸術に対する深い愛情と知識を持っている、ということでした。

彼らを単純にコンサルタント、あるいはアナリストとしての能力だけで評価すれば、必ずしもその世界において超一流とは言えないかもしれません。しかし、彼らはそれらの能力に加えて、文化・芸術に関する深い知識・鋭い感性・緻密な評価能力を同時に持っており、それらの「組み合わせ」が彼らを唯一無二の存在たらしめているのです。

劇場や文化施設のコンサルティング・プロジェクトにおいても、通常の営利組織のコンサルティングと同様に、売れ筋の分析やコスト構造の整理は行います。しかし、それだけでは済みません。こういった「定番メニュー」の分析に加えて、例えばオーケストラの経営分析であれば、オーケストラのパフォーマンスの評価……つまり、実際の演奏を聴いて、どこに問題があるのか、楽器別パートのどこが弱いか、レパートリーのバランスはどうか、を分析します。これは、通常のコンサルタントやアナリストには全く手の出せない領域です。

つまり、彼らは、通常のコンサルティングに求められる分析スキル全般に、美術や音楽に関するセミプロ並みの知識と感性を「組み合わせる」ことで、唯一無二の存在となっており、であるがゆえ安定的に高収益のコンサルティングビジネスを継続することができているわけです。

加えて指摘すれば、芸術や音楽を愛好する彼らにとって、劇場や美術館といった施設のコンサルティングは、まさに天職と言って良いほど充実感とやりがいのある仕事でもあります。彼らが自分たちの仕事について強いプライドと誇りを持っていることが、お話ししていてひしひしと伝わってきました。

■「ユニークな組み合わせ」が大事

ここで注意して欲しいのは、**彼らの能力が、戦略コンサルティングという点だけで見た場合、あるいは音楽鑑賞・美術批評という点だけで見た場合、それぞれの領域では必ずしも超一流とは言えない**、という点です。彼らの多くは、コンサルティング業界でのキャリアにどこかで見切りをつけてきたわけですが、だからといって、音楽業界・美術業界の専門家としてやっていけるほどの能力があったかというと、それも疑問です。

しかし、これらの能力が「組み合わせ」として求められる局面になると、彼らは世界に唯一無二の存在になるのです。

実は私自身も、もともと学んでいた人文科学や美術史の知識を、経営コンサルティングに活かす「価値の新しい組み合わせ」で、コンサルティング業界で自分のブルーオーシャンを作ってきた、という側面があります。

■ 交差点が増えれば「世界の多様性」も増える

これは考えてみればすごいことです。なぜなら「組み合わせ」によって世界に多様性が生まれるからです。

仮に世界に1000個のカテゴリーが存在し、それぞれのカテゴリーに一人のチャンピオンが存在すると仮定すれば、世界には1000人のカテゴリーチャンピオンしか生まれ得ません。どんなに人数が多くても、残りの「チャンピオンになれなかった」

人々は、その立場を甘んじて受け入れるか、居座ろうとするチャンピオンを追い落としてチャンピオンの椅子を奪うかの2つの選択肢しかないのです。このような「マキャベリ的世界」を望む人は誰もいないでしょう。

しかしもし、この1000個のカテゴリーのうち、2つのカテゴリーが重なりあう交差点が立地になるのであれば、チャンピオンの数は1000人から一気に49万9500人にまで増えます。[12]カテゴリーの交差点が立地になるだけで、世界に存在しうるチャンピオンの数は一気に500倍に増えるのです。

さらに、カテゴリーが3つ重なり合う領域まで立地になるとすれば、その数は1億6661万7千人にまで増えることになります。[13]

カテゴリーの交差点を立地にするだけで、世界に1000人しか存在し得なかったチャンピオンが、数十万人、場合によっては1億人以上存在し得るように変わるのです。私たちが、自分ならではの「ユニークな組み合わせ」によって「自分のブルーオーシャン」を構築することで、世界はもっとしなやかで伸び伸びと働ける場所になっていくはずです。

■組み合わせのヒントは「過去」

では、どうやって「ユニークな組み合わせ」をつくればいいのでしょうか？ 着目するべきなのは「ずっと好きでやってきたこと」です。なぜかというと「他人にとって簡単に模倣のできないこと」、「他人が簡単に獲得できない知識やスキルや感性」というのは、「大量の時間資本を投下しなければ獲得できないこと」と同義だからです。これはつまり、その人が好きでずっとやってきたことの中にこそ、組み合わせを考える鍵があるということです。

スティーブ・ジョブズは、スタンフォード大学の卒業生に向けたスピーチで「点をつなげよう＝Connecting the dots」というメッセージを送りました。ジョブズは「未来を見通すことはできない。人生を作り上げていくためには、過去を活かしていくしかない」というエールを送ったのです。その人ならではの居場所を考えるヒントは、自分の過去の人生の中にあるということです。そしてまた、過去をつなぎ合わせて作

12 （1，000×999）／2＝499，500
13 （10，000×9，999×9，998）／（1×2×3）＝166，617，000

り上げていく未来が、また過去に新しい意味合いを与えることになります。その積み重ねが、最終的に「人生の意味合い」を形作っていくことになるのでしょう。

12 創造性理論

「打率」よりも「打席の数」を重視する

インタビュアー：あなたはどうやってイノベーションを体系化したんですか？
スティーブ・ジョブズ：そんなことはやっちゃダメだ

今日、イノベーションは企業経営において中核的な論点になっていますが、こと「方法論の開発」ということでいうと、捗々しい成果は生まれていません。いわゆる「デザイン思考」を筆頭に、これまでに多くのデザインファームや経営学者が「イノベーションの方法論を開発した」と豪語してきましたが、実践の成果は不毛としか言いようがなく、イノベーションが実際に生まれたという事例は寡聞にして知りません。

以前から私が繰り返しているように「イノベーションの方法論は原理的に存在しない」ということでしょうが、しかし、だからといって全くなす術がない、というわけではありません。

これまでの研究から、個人についても組織についても、**創造性を向上させる上で「鉄板のアプローチ」が存在することはわかっています。それは「とにかくたくさんのアウトプットを出すこと」**です。

■「成功したから多く生み出した」のではなく「多くを生み出したから成功した」

意外に思われるかも知れませんが、創造性に関する過去の研究の多くは共通して「量が非常に重要」だということを示しています。創造性は「最も多くのアウトプットを出している時に、確率的に高まる」のです。

前節でも取り上げたカリフォルニア大学デービス校の組織心理学者のディーン・キース・サイモントンは、ダ・ヴィンチ、ニュートン、エジソンなど、あらゆる時代のイノベーター2000人のキャリアを分析し、結論として次のように指摘しています。

多くの人は「イノベーターは成功したから多く生み出した」と考えている。しかしこれは論理が逆立ちしている。実際のところはその逆で、彼らは「多くを生み出したから成功した」のである。

サイモントンによれば、芸術家や科学者のアウトプットには「量と質の相関関係」が存在します。例えば、科学者の論文の引用回数は、その科学者が残した全体の論文の数に比例しています。そしてまた、その芸術家や科学者が、生涯で最も優れたアウトプットを出す時期は、生涯で最も多くのアウトプットを出している時期と重なります。

確かに、過去の偉大な芸術家や発明家は「質」だけでなく「量」においても図抜けた実績を残しています。ピカソは2万点の作品を残し、アインシュタインは約300本の論文を書き、バッハは1000曲以上の作品を作曲し、エジソンは1000件以上の特許を申請しました。ある領域において最も高い水準の「質」を生み出した人は、同時に、その領域において最も高い水準の「量」を生み出している人でもあるのです。

サイモントンによるこの指摘は、創造性に関して私たちが持っている一般通念とは大きく異なります。というのも、私たちは、自分たちの仕事について、アウトプットの量と質にはトレードオフの関係が存在しており、質を求めれば量が犠牲になり、量を求めれば質が犠牲になる、と考えてしまいがちだからです。しかしそうではない、むしろ量を求めることで、同時に質も高めることができる、ということです。

■大量のガラクタを生み出すのが戦略の前提

このような指摘をすれば「そんなことをすれば、いいアイデアは生まれるかもしれないが、同時に膨大なガラクタを生むのでは？」と思われるかもしれませんが、全くその通りで、それで構わないのです。

サイモントンの研究によれば、確かに、科学者や芸術家が、生涯で最も優れたアウトプットを出す時期は、生涯で最も多くのアウトプットを出している時期と重なっています。しかしまた同時に、その時期は、その科学者や芸術家にとって、「最もダメな作品が生まれる時期」でもあることがわかっているのです。

先述した科学者や芸術家のアウトプットを俯瞰して見れば、彼らの残した知的生産の全てが必ずしも傑作というわけではない……いや、これは少し優しすぎる表現かもしれません……むしろ、彼らの残したアウトプットの大多数は、今日では見向きもされていない、と言った方がいいでしょう。

アインシュタインの残した300の論文のほとんどは、現在、誰からも参照されていませんし、バッハの残した1000以上の曲のうち、今日でもコンサートで演奏されているのは定番の30~50曲程度でしかありません。エジソンに至っては取得した1000以上の特許のうち、実際のビジネスに繋がったものは10~20程度と言われています。つまり、単純な比率で計算すれば、歴史に残る天才であっても、傑作と言われるようなアウトプットは全体の数%程度でしかないのです。

■上側へのばらつきを人生に活かす

なぜ、このようなことが起きるのでしょうか？　統計の概念を用いて説明すれば次のようになります。

まず、アウトプットの質は確率的に分布します。そして当然ながら「極めて優れたアウトプット」が生まれる確率は非常に低いため、このようなアウトプットを生み出

図12－1｜アウトプットの質と取り組みの数の関係

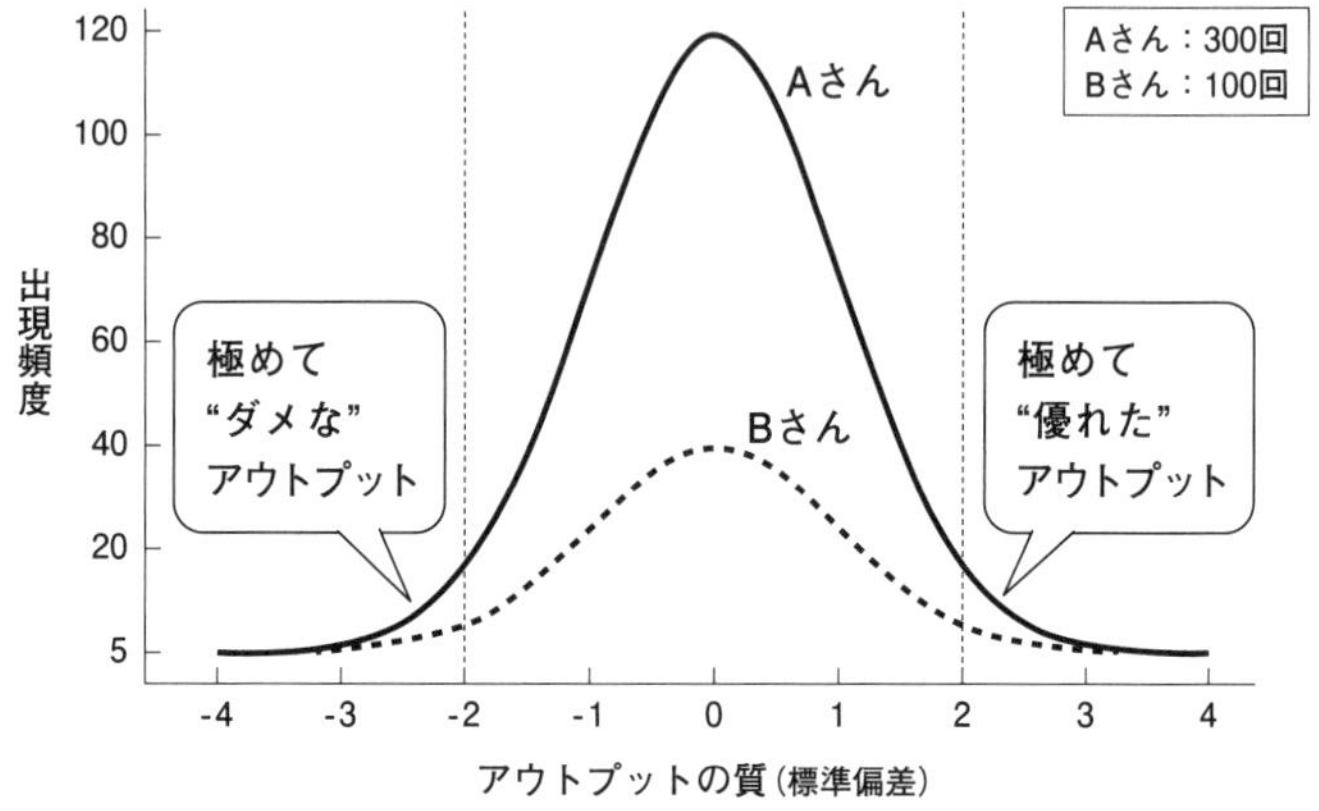

すためには、とにかく取り組みの数を多くするしかありません。

これを図式化すると図12－1のようになります。

この図では「取り組みの数が多い＝Aさん」と「取り組みの数が少ない＝Bさん」とで、取り組みの数に3倍の差をつけてシミュレーションしています。

一見してわかる通り、全体の平均値はAさんもBさんも変わりがありません。取り組みの数を増やしたところで、アウトプットの質が全体的に向上するわけではないのです。

一方で、グラフの右側に目をやると、Aさんは、Bさんよりも、平均から＋2標準偏差以上離れた「非常に質の高い取り組み」の絶対数が増えていることがわかります。これが、取り組みの数を増やすことで手に入った「極めて優れたアウトプット」の正体です。

反対に、グラフの左側に目をやれば、逆にAさんは、Bさんよりも、平均から－2標準偏差以上離れた「非常に質の低い取り組み」の絶対数も増えていることがわかります。これが、サイモントンの指摘する「最も生産性の高い時期に生まれる、極めてダメなアウトプット」の正体です。

■成功と失敗の費用対効果は非対称

さて、ここまで読まれた方の中には、「極めて優れたアウトプットが生まれるのは良いことだけど、極めてダメなアウトプットが生まれてしまえば、それを相殺してしまうのではないか」と思った人もおられるかもしれません。これは程度問題であり、最終的には「状況や職種による」ということになるのですが、全般に言えることは「極めて優れたアウトプット」がもたらすリターンと、「極めてダメなアウトプット」がもたらすロスには非対称性があり、しばしば「ロスよりもリターンの方がはるかに大きい」ということは意識しておいた方が良いと思います。

なぜそういうことになるかというと「極めてダメなアウトプット」は無視され、すぐに忘れられるのに対して、「極めて優れたアウトプット」は、その人の社会資本を一気に厚くして、生涯にわたって金融その他の資本の形成に貢献してくれるからです。長打と凡打の確率が同じであり、長打が大きなリターンを持続的に生み出すのに対して、凡打が些細なロスを一時的に生み出すだけなのであれば、リターンを最大化するためには「とにかく打席の数を増やす」が合理的な戦略ということになります。**つまり、人生の経営戦略において重要なKPIは「打率」ではなく「打席数」なのだ、ということです。**

■追い求めるべきは「打率」よりも「打席の数」

この洞察は、特に「人生の春」の戦略を考える上で重要です。なぜなら、先述した「優れたアウトプットのもたらすリターン」と「ダメなアウトプットのもたらすロス」の非対称性は、年齢が若ければ若いほど大きいからです。

図12－2を見てください。これは若年時と年長時で、失敗のもたらすリターンとロスの関係を図式化したものです。

図12-2｜年齢とリターンの関係

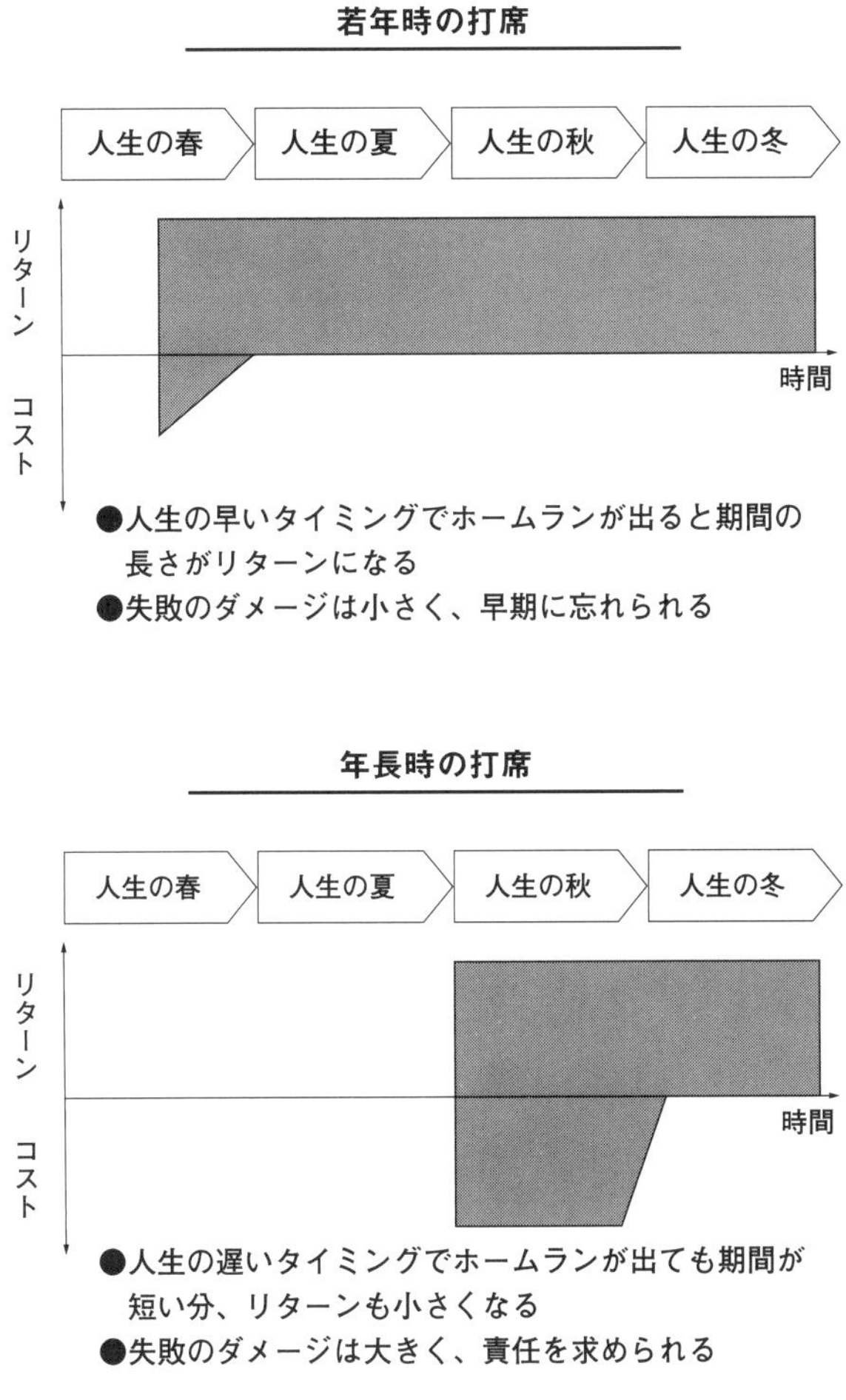
若年時の打席
人生の春
人生の夏
人生の秋
人生の冬
リターン
コスト
時間
●人生の早いタイミングでホームランが出ると期間の長さがリターンになる
●失敗のダメージは小さく、早期に忘れられる
年長時の打席
人生の春
人生の夏
人生の秋
人生の冬
リターン
コスト
時間
●人生の遅いタイミングでホームランが出ても期間が短い分、リターンも小さくなる
●失敗のダメージは大きく、責任を求められる

先述した通り、優れたアウトプットがもたらすリターンはその後の人生の長きにわたって社会資本となります。これはつまり、ホームランを打つタイミングが早ければ早いほど、ホームランがもたらすリターンの面積が大きくなることを意味します。

一方で、ダメなアウトプットのもたらすロスは、年齢を経れば経るほどに、大きくなります。若い頃であれば「グッド・チャレンジ」「意気だけは良いね」と笑って済まされた失敗も、年齢を追うごとに厳しい評価に晒されることになります。

成功・失敗の確率は人生を通じて一定ですが、失敗のコストは人生の後半になればなるほどに高くなるのです。だとすれば、なるべく若いときにたくさん打席に立つ、ということが合理的な戦略になります。

■「失敗し続ける」のは意外と難しい

最後にひと言だけ付け加えさせてください。ここまで「打率は気にせず、とにかく打席に立って振ることが重要だ」ということを指摘してきましたが、実は「失敗し続ける」ことは、意外と難しい、ということも指摘しておきたいと思います。

これは確率の問題なのですが、直感と確率は往々にして大きな乖離をしますから注意が必要です。ここで簡単に、私たちの直感と確率がいかに乖離する傾向があるか、ということをいくつかの例題を用いて確認してみましょう。

ひとつの賭けを考えてみましょう。サッカーのフィールド上に、両チーム合わせて22人の選手と、3人の審判からなる合計25人がいたとして、この中に、同じ誕生日の二人が「いる」と「いない」のどちらかに賭けますか？　という賭けです。カンファレンスなどでこの質問をすると、会場の9割以上の人々……場合によってはほとんどすべての人が「いない」を選択します。しかし、実際に計算してみるとわかるように、同じ誕生日の二人がいる確率は56・9％なので、実は「いる」に賭ける方が正解なのです。

人数をさらに増やして、例えば40人のクラスであれば、同じ誕生日の二人がいる確率は89％となります。私たちは、クラスに同じ誕生日の二人がいると「すごい偶然だ」と直感的に思ってしまいますが、確率的には真逆で「同じ誕生日の人がいない」ことの方がよほど珍しいのです。

同様のことが、この「打率と打席数」の関係についても言えます。例えば「打率1％」という人が「1打席」でヒットを打つ確率は言うまでもなく1％ですが、これを100打席にすると、ヒットが出る確率は63・4％となります。

これがさらに、打率が一割になれば、100打席に立って一度もヒットが出ない確率は0・1%以下となり、つまりは「ほぼ確実にどこかでヒットが出る」ということになります。

そして、一度でもヒットが出れば、さらに次のヒットが出やすくなり、その人の人生は大きく変わっていきます。

多くの人は「打率」を上げることを考えてさまざまな努力を積み重ねています。もちろん、これはこれで大事なことではあるのですが、打率にはどうしても運が関わってくることになり、これを高めることはなかなか容易ではありません。しかし、私たちは、自分たちの意識次第で「打席の数」を増やすことはできます。

もし、経営学におけるイノベーションの研究が、「打席の数」こそが創造性の鍵だということを明らかにしているのであれば、私たちの「人生の経営戦略＝ライフ・マネジメント・ストラテジー」においてフォーカスすべきなのは「打席に立って思いっきり振る回数」なのだ、ということです。

いつも「みんなと一緒」を選んでしまう

13 絶対優位の戦略

「どちらに転んでも得な方」を選ぶ

損得の一念に徹せよ。

二宮尊徳『二宮翁夜話』

本節ではゲーム理論を取り上げ、ライフ・マネジメント・ストラテジーへの適用を考えてみましょう。ゲーム理論とは、経営や外交やスポーツなど「自分以外の他者がプレイヤーとして関わる状況下」において、最適な意思決定を行うための数学の理論です。

ゲーム理論では、相手の出方や環境の変化に応じて変動する自分の選択肢の正味リターンを分析しますが、**相手がどう出てこようと、周辺環境がどう変わろうと、自分**

の持っている選択肢の中で一番リターンが大きくなる選択肢のことを「絶対優位の戦略」と呼びます。

よく、相手がどう出てこようと、周辺環境がどう変わろうと「相手に対して優位を保てる選択肢」のことを「絶対優位の戦略」と思っている人がいますが、これは勘違いですから注意してください。

ゲーム理論の実践において「絶対優位の戦略」の発見は決定的に重要です。具体例を挙げて考えてみましょう。

■1983年のアメリカズカップチャンピオン艇の選択

ケースとして取り上げるのは1983年のアメリカズカップ決勝戦です。アメリカズカップは、カップホルダーのチャンピオン艇と挑戦艇が1対1で争うマッチレースです。7試合して4勝を先取した側が優勝。レースは同じスタート地点から同時に2艇がスタートし、海上にある複数のマークを回航して、先にゴールした方が勝ちです。マークを回る順番さえ守れば、どのようなルートを取るかは各艇の自由です。ルート選定に大きな影響を与えるのが「風向き」です。エンジンなどの動力源を持たず、風だけをエネルギーにして推進するヨットでは、風向きによって最適なルートが大きく変わるため、特にアメリカズカップのような大レースでは、非常に精度の高い風向き予報が行われます。

さて、次のような状況を設定してみましょう。

1983年のアメリカズカップ決勝戦は、4試合を終えた時点で、デニス・コナーがスキッパー（艇長）を務めるアメリカのリバティー号が3勝1敗でリードしていました。これまで132年にわたって防衛に成功してきたニューヨークヨットクラブの観戦艇にはお祝いのための高級シャンパンが運びこまれ、クルーの家族たちは赤・白・青の星条旗カラーのドレスを着て、選手たちがゴールに戻ってくるのを今や遅しと待っていました。

4戦目のレースがスタートしたところ、挑戦艇であるオーストラリアII号はフライングのために一度スタートラインに戻らなければならなくなり、チャンピオン艇は労せずして37秒のリードを築くことに成功します。トップレベルのヨットレースでは僅差が勝敗を分けることも多々あります。スタート失敗でのこのハンディはあまりにも重いものでした。誰もが「これでチャンピオン艇の勝利は間違いない」と確信しました。

そこで挑戦艇であるオーストラリアⅡ号の船長ジョン・バートランドは、「当日の風向きは安定している」との予報を無視して、大きく風向きが変わることに賭けてコースの左側に進路をとって追いかけることにしたのです。

現在の風向きを考えれば、チャンピオン艇の勝利は間違いありません。しかし……

さて、ここであなたがチャンピオン艇のスキッパーなら、次の2つの選択肢のうち、どちらを選びますか？

①現時点の風に最適なコースをこのまま走り続ける
②スピードを落とす可能性が高いが、挑戦艇と同じ方向に舵を切る

チャンピオン艇のスキッパーであるデニス・コナーは前者の選択を取りましたが、結果はどうであったか？　その後、気象予測とは異なって風向きが大きく変化したため、挑戦艇が逆に優位に立ち、1分47秒の大差をつけて勝利を収めたのです。ここで「流れが変わった」ということなのでしょう。その後も挑戦艇は快進撃を続け、ついに132年にわたって続いた「アメリカ艇による防衛」は終焉を迎え、アメリカズカップは初めて太平洋をわたってオーストラリアに移ったのです。

■コナーにとっての「絶対優位の戦略」とは？

このレースをゲーム理論の観点から考察すると、チャンピオン艇のデニス・コナーは「絶対優位の戦略が存在するにもかかわらず、それを選ばずにみすみす敗北した」と言えます。なぜならば、挑戦艇が大きく舵を切った時、同じ方向に舵を切っておけば、挑戦艇に逆転されることはなかったからです。場合分けして考えてみましょう。

まず「風向きが変わらなかった場合」について考えてみましょう。この場合、自分の進路を変えなければ、リードは拡大され、勝利します。一方で、自分の進路を挑戦艇と同じ方向に変えれば、ヨットのスピードは落ちますが、挑戦艇のスピードも同じなので、相対的な位置関係は変わらず、リードを保って勝利します。

問題となるのは「風向きが変わった場合」です。この場合、自分の進路を変えなければ、挑戦艇にとって有利な風向きとなり、逆転される可能性があります。一方で、自分の進路を挑戦艇と同じ方向に変えれば、風向きがどうなろうと相対的な位置関係は変わらず、リードを保って勝利します。

つまり、このレースの場合、デニス・コナーにとっては「進路を変える」が絶対優位の戦略だったということです。

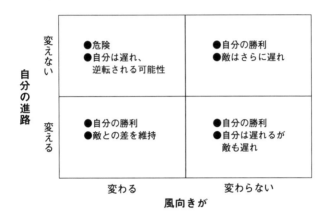

図13-1 チャンピオン艇の利得マトリックス

自分の進路 ＼ 風向きが	変わる	変わらない
変えない	●危険 ●自分は遅れ、逆転される可能性	●自分の勝利 ●敵はさらに遅れ
変える	●自分の勝利 ●敵との差を維持	●自分の勝利 ●自分は遅れるが敵も遅れ

挑戦艇にしてみれば、すでに40秒近いリードを築かれてしまった以上、チャンピオン艇と同じルートをたどっている限り、風向きが変わろうが変わるまいが逆転することはできません。もし挑戦艇に勝機があるとすれば、それは、チャンピオン艇とは異なるルートを取り、風向きが大きく変わることで自分が有利になる、という一点の可能性の中にしか見出せないのです。つまり「ルートを変える」は、挑戦艇にとっての絶対優位の戦略だったということです。

この場合、挑戦艇にとってもっとも恐ろしいのは、挑戦艇がとった戦略をチャンピオン艇が後追いしてくることでした。なぜなら、風向きが変わろうが、潮の流れが変わろうが、先行するチャンピオン艇が挑戦艇と同じルートを選んでいる限り、逆転は絶望的だからです。

■逆バリは「人生の春」では有効な戦略

このようなケースはヨットレースのような特殊な環境だからこそ成立するのであって、私たちの人生にはあまり縁がない、と思われた方もおられるかもしれませんが、そんなことはありません。

私たちの人生は、日々、選択と意思決定の連続であり、絶対優位の選択が存在することもよくあるのです。

ここでひとつの思考実験をしてみましょう。あなたは無名の若手エコノミストで自分の名前を売り出すことを考えています。さて今回、あなたが行った経済予測の確率分析は次のようになりました。

株価上昇：６割
株価下落：４割

株価はこのまま上昇する確率が高いが、一部には株価下落を示唆する情報もある、という分析結果です。

さて、この時、あなたは「株価上昇」と「株価下落」のどちらを世の中に訴えるでしょうか？　そう、聞くまでもありません。「株価上昇」に決まっています。なんといっても、自分の分析結果は「株価が上昇する確率が高い」と出ているのですから。

しかし、それで本当に良いのでしょうか？

エコノミストとして自分の名前を売り出す、ということを考えた時、考慮しなければならないのは「他の多くのエコノミストがどのような予測をするか」ということです。

そこで、調べたところ、特に有名どころのエコノミストの予測は次のようになっていることがわかりました。

株価上昇を予測するエコノミスト：９割
株価下落を予測するエコノミスト：１割

つまり、圧倒的多数の有名エコノミストが「株価上昇」の予測を出すことがわかったのです。この時、あなたはどのような分析を世の中に訴えるべきでしょうか？

この場合、あなたにとって絶対優位の戦略は「株価下落を訴える」ことです。なぜそうなるのか？　利得を場合わけしたマトリクスで考えてみましょう。

まず、あなたには「株価上昇を訴える」と「株価下落を訴える」という、2つの選択肢があります。他の有名エコノミストの9割が「株価上昇を訴える」ことはすでに所与ですが、この場合、実際に「株価が上昇した場合」と「株価が下落した場合」とで自分にとってのリターンが大きく変わります。

まず、予測通りに株価が上がった場合はどうでしょうか？

もし、あなたが「株価上昇」を予測していたとしたら、確かにあなたの予測は当たりますが、他の有名エコノミストも同じことを予測しているので、これでは埋没したままで状況は変わりません。つまり、せっかく予測が当たったにもかかわらず、プラスはゼロなのです。

一方でもし、あなたが「株価下落」を予測していたとしたらどうでしょうか。あなたの予測は外れ、他の有名エコノミストの予測は当たります。しかし、これで何が起きるかというと、元から無名なので特に実害もありません。つまりプラスはゼロ、マ

図13－2｜無名エコノミストの利得マトリックス

自分の予測＼実際の株価	下落	上昇
上昇	±0 ●自分の予測は外れ ●他のエコノミストも外れ ●埋没＆無名なので実害なし	±0 ●自分の予測は当たり ●他のエコノミストも当たり ●埋没して名前は広がらない
下落	+∞ ●自分の予測は当たり ●他のエコノミストは外れ ●一気に名が上がる	±0 ●自分の予測は外れ ●他のエコノミストは当たり ●元から無名なので実害なし

イナスもゼロです。

次に多くのエコノミストの予測とは異なり、株価が下落した場合を考えてみましょう。

あなたがもし「株価上昇」を予測していた場合、あなたの予測は外れますが、他の有名エコノミストの予測も外れるので、埋没したままの状況は変わらず、結果としてプラスもマイナスもゼロです。

一方で、あなたが「株価下落」を予測していた場合はどうでしょう。あなたの予測だけが当たり、他の有名エコノミストの予測は外れるので、「株価下落を言い当てた新進気鋭のエコノミスト」として知名度や評判といった社会資本が一気に成長する可能性があります。

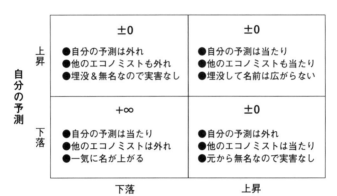

つまり、無名で売り出し中のエコノミストという条件を踏まえれば、たとえ自分の分析では「株価上昇の確率が高い」と出ていても、他の有名エコノミストが「株価上昇」を訴えている限り、逆バリして「株価下落」を訴えることが、この局面では絶対優位の戦略だということになります。

■パフォーマンスを上げる≠ゲームに勝つ

ここまで、いくつかの具体例を用いて「絶対優位の戦略」について説明してきましたが、共通点があることに気づいたでしょうか。絶対優位の戦略ケースに共通してみられる特徴とは、しばしば「パフォーマンスを上げる」選択肢と「ゲームに勝つ」選択肢は異なるという点です。

アメリカズカップのケースに関しては、風向きの予報に反して進路を変えることは「艇速を上げる」という観点から選ぶべき選択肢ではありませんでしたが、しかし「ゲームに勝つ」という観点からすれば、これが合理的な選択肢でした。

あるいは株価予想のケースに関しては、自分の予測に反して「株価は低下する」という予測を発表することは「正しい予測をする」という観点からは選ぶべき選択肢ではありませんでしたが、しかし「ゲームに勝つ」という観点からすれば、これが合理的な選択肢でした。

私たちはしばしば、自分が「いったいどのようなゲームを戦っているのか？」という点から遊離して、目の前の仕事のパフォーマンスを上げることを近視眼的に追求してしまいがちです。しかし、そのようにしてパフォーマンスが上がったとしても、肝腎要の「人生というゲーム」に敗北してしまっては元も子もありません。

ゲーム理論の「絶対優位の戦略」によって、自分の目の前にある選択肢について考察するリテラシーを持つことで、私たちは「ゲームに勝つことよりもパフォーマンスを優先してしまう」というミスを防ぐことができるということです。

14 正味現在価値

「将来生み出す価値」に着目して時間配分する

人への投資は最もリターンの大きい投資である。

ゲーリー・ベッカー

経営学におけるファイナンス理論では、選択肢＝オプションの持っている経済的な価値を、全て現時点の価値に引き戻して評価します。**この現時点に引き戻された価値のことを、ファイナンスの用語では「正味現在価値＝Net Present Value」と定義し、略して「NPV」と呼びます。**

なぜ、このようなことを考えるかというと、私たちが持っている選択肢には、効果の出るタイミングと期間の長さに違いがあるため、単純な比較ができないからです。

NPVを概念として表せば

将来にわたって生まれる効果の総計×割引率－投資額＝正味現在価値

ということになります。

一応、計算式を示しておけば、次の通りとなりますが、ここでは細かい式の理解よりも、概念の把握を優先してください。

$$NPV = \sum_{t=1}^{n} \frac{CF_t}{(1+r)^t} - I_0$$

ここで、

- CF_tは、期間tにおけるキャッシュフロー
- rは、割引率（ディスカウントレート）
- tは、キャッシュフローが発生する年次（期間）
- nは、プロジェクトの期間（年数）
- I_0は、初期投資額

ここでポイントになるのが割引率です。なぜ割引率という項目を掛けるかというと、今日のお金と未来のお金は額が同じでも価値が異なると考えるからです。

例えば「いま100万円をもらえる」というオプションAと「10年後に100万円をもらえる」というオプションBを比較して、オプションBを選ぶ人は一人もいないでしょう。なぜ、同じ額なのに、全ての人がオプションAを選ぶかというと、これら2つは、金額が同じでも価値が違う、と考えるからです。

もう少し踏み込んでみれば、今日、100万円をもらえば、それを投資することで増やすことができます。仮に年利2%で100万円を運用すると、10年後には121万8994円になっています。年利2%で運用できるのか、という問題はありますが、少なくともその可能性がある限り、10年後の100万円と今日の100万円は等価ではない、ということになります。

企業においてNPVを扱う際、この割引率は、投資に用いる資金の種類（自己資金か借金かによって金利が変わるため）や不確実性のレベルや業界の種類などの要因によって複合的に決まりますが、個人のライフ・マネジメント・ストラテジーにおいては、割引率は「不確実性」の一本によって決まると考えてしまって構いません。

■「すぐ役に立つもの」ばかりに手を出すのは危険

ライフ・マネジメント・ストラテジーに活用することを考えた場合、NPVという考え方には3つのポイントがあります。

①投資によって生まれる効果は、将来の一定の期間にわたって得られる
②効果の生まれる期間の長さはプロジェクトによって大きく変わる
③効果の大小と期間の長さには不確実性がある

当たり前と言えば当たり前の考え方なのですが、なかなかこれが難しいのです。というのも、私たちにバイアスがかかっており「当座に発生するコストの大小」と「当座に発生する効果の大小」に大きく意思決定を影響されてしまうからです。より直截に表現すれば、私たちは「目の前の小さな利益」を「ずっと先の大きな利益」よりも過大評価するという誤認識＝現在バイアスを持っているのです。

具体例を挙げて考えてみます。例えばここに年収600万円の人がいたとして、1000万円をかけて特定のプログラミング言語を学び、来月からアプリ開発の副業で月

に20万円を稼ぐというオプションAと、2000万円をかけて海外の大学で人工知能に関する学位を取得し、現在600万円の年収を転職して倍にするというオプションBを比較する場合を考えてみましょう。ちなみにここで例示するNPVは仮の数字による全くの思考実験であり、キャリア上のオプションに関する筆者の意見を表明するものではありません。

この2つのオプションを、短期間の費用対効果で考えてみると、次のようになります。

オプションA：プログラミング
初期費用：100万円
1年目の効果：+240万円（費用の2・4倍）
収支：+140万円

オプションB：人工知能の学位
初期費用：2000万円
1年目の効果：+600万円

収支：－１４００万円

初期段階の投資対効果を比較してみると、どうにもオプションAの方が魅力的に見えますが、ここにＮＰＶの考え方を導入すると違う結果が出てきます。

ＮＰＶを計算するにあたっては割引率と期間の設定が必要になりますので、ここでは仮の条件を設定しましょう。

オプションAのプログラミング言語の習得では、効果が比較的はっきりしているので割引率を低めの５％とします。また期間については、このプログラミング言語の予想利用期間が５年と推定されるとします。

一方のオプションBの人工知能の学位は、転職という不確実性の高い要素が入ることから、割引率は高めの10％とします。また、期間については、現在のトレンドを勘案して長めの10年としてみましょう。

これらの条件を加えて２つのオプションのＮＰＶを比較すると

オプションA：プログラミング

初期投資：１００万円

年間のリターン：240万円
期間：5年
割引率：5％
NPV＝939万744円

オプションB：人工知能の学位
初期投資：2000万円
年間のリターン：600万円
期間：10年
割引率：10％
NPV＝1686万7403円

となります。

このようにしてNPVを比較すると、先ほどとは結論が全く逆転し、オプションB：海外大学の人工知能の学位を選択するべきだということになります。

実はNPVの計算では割引率と期間の設定によって結果が大きく変わり、この場合の計算でも、「人工知能の学位」という選択肢の割引率を20％に設定すると、NPVは約515万円まで下がり、プログラミングを学んだ方がいい、ということになるのですが、いずれにせよ「割引率」や「期間」という概念を盛り込むことで、短期の評価とは大きく異なる側面が浮かび上がることは常に念頭に置いておくべきです。

■「リターンの期間」が非常に重要

昭和天皇の家庭教師を長らく務めた慶應義塾の小泉信三は、産業界からの「すぐに役立つ人材を育ててくれ」という慶應義塾への要請に対して「すぐに役立つものは、すぐに役立たなくなる」と反論してこの要請を退けました。

小泉信三は、教育の目的が短期的に役立つスキルを教えることではなく、長期的に役立つ基礎力や思考力を養うことであるという考えでもって、産業界からの要請を退けたわけですが、これはまさに「教育のNPV」に関する問題なのです。

最近は「人的資本」についての議論がさまざまなところでされていますが、これも基本的には同じ考え方に基づいています。この「人的資本」という言葉はもともと、経済学者のゲーリー・ベッカーが唱えた概念ですが、彼は、社会におけるあらゆる種類の投資を比較したところ、最も長期的なリターンが大きいのは「人に対する投資」であることを明らかにして、この「人的資本」という概念を唱えました。

昨今では金融投資への関心が日本でも高まっていますが、ベッカーの指摘を踏まえれば、私たちにとって最も長期的なリターンが大きいのは、株式でも債券でも不動産への投資でもなく、「自分への投資」なのだ、ということを忘れてはなりません。これは特に、学習のリターンが得られる期間が長くなる若い人にとって重要なことです。

■流行りのスキルや知識に時間資本を投下するのは「絶対劣位の戦略」

では、どのような領域や活動が「最も長く役立つもの」なのでしょうか？　昨今、このような問いに対しては「将来、役に立つのは〇〇の知識」といった提案や予測がそこかしこに氾濫していますが、これらの提案を丸呑みするのは2つの点で大きな問題があります。

ひとつ目の問題は、これらの予測はほとんど当たらないということです。「テクノロジーに関する未来予測は当たった試しがない」というポール・グレアムの言葉はすでに紹介しましたが、ことはテクノロジーの領域に限ったことではありません。過去の経済予測や人口予測がほとんど外れていることを考えれば、そもそも「予測は当たらない」と考えた方がいいのです。

2つ目の問題は、仮に予測が当たったとしても、すでに説明した「需要と供給」の関係から、そのような知識やスキルの供給量は増加し、労働市場における価値が減少するため、当初想定されたＮＰＶよりも大きくディスカウントされることになる可能性があるからです。

つまり、これらの予測に踊らされて時間資本の配分を左右するというのは、戦略としては前節で説明した「絶対優位の戦略」の真逆、「絶対劣位の戦略」ということになるのです。

■最もリターンの期間が長いのがリベラルアーツ

未来が予測できないのであれば、何が将来にわたって長く役立つものなのか、を事前に把握することも不可能なように思えますが、ひとつだけ確実に言えることがあります。それは、私たち人間にとって、長らく有効であったものほど、将来にわたって長らく有効なものである確率が高い、ということです。

このように考えると、人類が残してきた「古典」や「名作」と呼ばれるもの、いわゆるリベラルアーツに親しむことが、実はもっともNPVの大きい時間資本の使い方だということです。

だからこそ、欧米のエリート校はリベラルアーツ教育を非常に重視するのです。この点についてはすでに拙著『武器になる哲学』でも紹介しましたが、経営者教育の世界で名高い米国のアスペン研究所では、世界で最も時給の高い人々であるグローバル企業の経営者を集め、アリストテレスをはじめとした哲学や文学の古典を学んでいます。利得の計算に長けた彼らが非常に大きな機会費用を払いながらリベラルアーツを学んでいる理由は明白です。なぜなら「それがNPVの大きい投資だから」です。

15 オプション・バリュー

常に選択肢を複数持つ

変更できない計画というものは、常に悪い計画である。

プブリリウス・シルス

オプション・バリューとは、文字通り「選択肢の価値」のことです。企業経営ではさまざまな意思決定を行うわけですが、その際、**意思決定の対象となる選択肢には経済的な価値があると考えます。**

代表的なのは、金融取引における「コールオプション＝買う権利」と「プットオプション＝売る権利」です。

例えば、現在50ドルのA社の株式がこのあとで上がると考えるのであれば、まずは

A社の株式を購入することが考えられるわけですが、たまたま持ち合わせが10ドルしかない場合、「将来、A社の株式を行使価格50ドルで買う権利」を、例えば5ドルで購入するのがコールオプションになります。

コールオプションの購入後、実際に株価が上昇して、例えば70ドルになったとすると、この人は50ドルの借金をしてコールオプションを行使し、A社の株式を50ドルで購入した後、すぐに株式市場で売却すれば20ドルの差益を得ることができます（オプションの購入に5ドルかけているので、トータルの差益は15ドル）。

この場合、想定通りにいかず、A社の株式が仮に下がったとしても、コールオプションの権利を放棄すれば良いだけですから、損失はオプションの購入費用＝5ドルだけで済むことになります。

逆のケースを考えてみましょう。例えば、現在50ドルのA社の株式を保有しているとして、下落によって損失を被るリスクを最小化したいと考えるとき、ひとつには現時点でA社の株式を売却してしまうことが考えられますが、そうすると株価が上昇した際に得られる利益も失うことになります。

そこで「将来、A社の株式を行使価格50ドルで売る権利」を、例えば5ドルで購入する、というのがプットオプションになります。

プットオプションの購入後、実際に株価が低下して、例えば30ドルになったとすると、この人はプットオプションの権利を行使して、A社の株式を50ドルで売却して損失をゼロに抑えることができます。

このように、オプションを利用することで、株式がはらんでいる大きな変動性を飲み込んでリスクを小さくすることができるのです。

■私たちはオプションを日常的に用いている

抽象的でわかりにくいと感じるかもしれませんが、私たちの日常生活にも、さまざまなオプション・バリューが存在しています。

例えば通販でよく用いられている返品保証は、一種のプットオプションと考えることができます。通販で品物を購入するには、現物を見て購入するよりも相対的に高いリスクを孕むことになります。このリスクを解消するために用いられているのが「返品保証」という制度ですが、これは、購入者がもともと背負っている損失リスクを「購入した品物を同じ金額で売却する権利」、つまりプットオプションを与えることで相殺している、と考えることができます。

一方で、コールオプションの典型例が、不動産取引で用いられる「手付金」です。不動産を探していて、ある物件を気に入り、他人に買われてしまったら困るという時、私たちはまずは「手付金」を支払って、その物件を押さえます。

この時、いきなり物件の総額を支払うのではなく、手付金を払うことで「購入する権利」を買っているわけですから、これは一種のコールオプションと考えられるのです。

■実際の意思決定にオプション・バリューの考え方を活かす

金融の世界におけるオプションの考え方を、企業経営におけるさまざまな意思決定に応用しようという考え方を総称して「リアル・オプション」と呼びます。企業経営には高度の不確実性が伴うため、どのようなことが起きても、その状況に対して、方針転換や撤退等の複数のオプションが取れる、ということは死活的に重要なポイントとなります。

これを逆に言えば、「オプションが減る」という意思決定は、それがたとえ、その時点でなんらかの具体的な損失を意味しないとしても、基本的には「常に悪手である」

と考えるべきです。想定外のことが起きた場合に転身・停止・撤退といったオプションを選択できる可能性が減ってしまうからです。

昨今では「選択と集中」という用語をあたかも「経営の王道」のように乱暴に振り回している人がいますが、不確実性が増す状況において基本的に求められるのは「選択と集中」とは真逆の考え方である「保留と分散」で、まさにこれを実践しようとするのがリアル・オプションだということになります。

具体的には、リアル・オプションでは、企業における戦略的な意思決定において「すぐに意思決定を下すのではなく、状況がより明確になるまで選択肢を保留すること」に価値を置きます。

例えば、新規事業や設備投資や研究開発について、直ちに全ての資源を投入するのではなく、以下のような選択肢を保持しながら、段階的に見極めを行います。

タイミングの柔軟性

投資や事業を開始するタイミングを柔軟に決め、将来の状況やリスクを見極めながら判断する。

拡大のオプション

初期投資を小規模にとどめ、成功や市場の成長が確認できたら、追加投資を行うことで事業成長を図る。

放棄や縮小のオプション

市場や技術の見通しが不利となった場合、プロジェクトの中断や撤退を行うことで、被害を最小限にとどめる。

これらのオプションを巧みに組み合わせることで、自分のオプションを減らしてしまう「拙速なコミットメント」を避ける、というのがリアル・オプションの基本的な考え方ということになります。

■成功者ほどオプション・バリューを確保している

このような指摘について、もしかしたら「でも、成功した人はどこかでリスクを取ってコミットしているのではないか？」と思われた方もおられるかもしれません。

おそらくは、多分に「成功者はリスクを取る」というイメージが先行しているため、そのような疑問を抱かれるのだと思いますが、ここは注意が必要なポイントです。あくまで統計の誤びゅうと言えばそれまでなのですが、確かに成功者はリスクを取っていることが多い一方で、失敗者はそれ以上にリスクを取って失敗しているのです。

私たちは失敗者の伝記を読みません。読むのは成功者の伝記だけです。そこに「リスクを取って起業した」とあれば「なるほど、成功者はやはりリスクを取っている」と考えてしまうわけですが、これは統計学でいう「生存者のバイアス」の典型です。

実際のところはむしろ逆で、成功者ほど、オプション・バリューを保ちながら、リスクをコントロールして起業しているのに対して、失敗者ほど大胆にリスクを取ることがわかっています。

例えば、ビル・ゲイツは、ハーバード大学在学中にマイクロソフトを起業し、そのまま事業を継続して世界一の大富豪になりました。これは非常に有名な話で、ともすれば「一流大学のハーバードに入ったのに、起業のために学歴を捨てるなんて、やっぱりリスクを取ってコミットしているじゃないか」と思われるかもしれませんが、実は仔細に状況を調べてみると、話は変わってきます。

実はビル・ゲイツは、マイクロソフトの起業に当たって、ハーバード大学を「退学」

したわけではなく「休学」しています。つまり、起業がうまくいかなかった場合は、すぐに大学に戻れる選択肢、つまりオプション・バリューを持っていたのです。

これは他の創業経営者についても同様です。グーグルの創業経営者の二人はスタンフォード大学在学中にグーグルを創業していますが、二人は退学せず、休学して起業していますし、アップル創業者のスティーブ・ウォズニアックもeBay創業者のピエール・オミダイアも本業を持ちながら（ウォズニアックはヒューレット・パッカード、オミダイアはゼネラル・マジックに勤めていた）、余暇の時間を使って起業し、いよいよ本格的に事業が立ち上がってから正式に退職しています。

極めつきはローリング・ストーンズのミック・ジャガーでしょう。ミック・ジャガーは、ローリング・ストーンズの結成時、ロンドン・スクール・オブ・エコノミクス（LSE）の学生で、父親からは銀行家か財務官僚のキャリアを期待されていたようです。LSEといえば、バートランド・ラッセル、フリードリヒ・ハイエク、ポール・クルーグマンといった錚々《そうそう》たる頭脳が在籍した学校で、ノーベル経済学賞を受賞した学者を17名も輩出している超のつくエリート校です。ミック・ジャガー自身も学業を続けるか、バンド活動に専念するかは相当に迷ったようですが、いよいよローリング・ストーンズがファーストレコードを出し、誰の目にも成功が明らかになってから、やっと正式に退学しています。

彼らは、いわば本業を持ち、リスクをコントロールしながらサイドプロジェクトとして起業し、その起業が成功したことで、徐々に本業から足抜けしていったのです。

■こういう時代は「臆病」が競争優位になる

一般的なイメージと違い、「臆病」というのは、実は非常に重要なコンピテンシーなのです。これは大規模な調査研究からも明らかにされています。例えば経営学者のジョセフ・ラフィーとジー・フェンは、5千人以上の起業家に対して「本業を続けながら起業したか？」「本業を止めて起業に専念したか？」という質問調査を行ったところ、本業を続けながらサイドプロジェクトとして起業した人の方が、成功確率がずっと高いということを明らかにしたのです。

皆さんが投資家の立場で、二人の候補者のどちらかに投資しなければならないという状況を考えてください。

一方の「本業を続けながら起業する人」が、なんとも腰の据わらない、弱々しい印象を与える一方で、「本業を止めて起業に専念する人」は、いかにも潔く、自信に満ちている印象を与えるのではないでしょうか。投資家としては、後者を選びたくなるのが人情というものでしょう。しかし、実際の結果はその真逆だったのです。

これは一見すると不可解な結果のように思われるかもしれませんが、よく考えてみると実は合理的な理由があります。

私たちは「本業を止めて起業に専念する」人の方が、大胆にリスクを取って果敢に挑んでいるようなイメージを持ちます。しかし、ラフィーとフェンの研究結果からわかったのは、実は真逆の傾向だったのです。すなわち、リスクを嫌って安定した収入をもたらしてくれる本業を続けながら起業した人ほど、副業で大胆なリスクを取ることができた一方で、リスクを厭わず、大胆に起業に専念した人ほど、実際にはリスクが取れずに小粒な取り組みに終始する傾向があり、失敗しているということです。

■オプション・バリューを「人生の経営戦略」へ応用する

では、具体的に、どのようにすれば「人生のオプション・バリュー」を高い水準に持っていくことができるのでしょうか？　いくつかポイントがあります。

キャリア選択における柔軟性

キャリアの初期段階では、普遍的で長期にわたって有用なスキルが身につく職場に身を置くことで、将来的な選択肢を増やすことができます。経験価値がデフレしている社会だからこそ、経験の密度を高く維持することで、人生におけるさまざまな突発事項に対して対応できるだけの知識と経験の幅を持つことができるようになります。

教育の選択肢

極端に特化した一部の領域だけでなく、長い期間にわたって価値を生み出す全般的でジェネリックな知識を身につけることで、どのような領域に進んでも活用することができます。特に語学の能力は、日本以外の場所で仕事をする、あるいは日本において外国人と仕事をする機会を大きく広げてくれます。また「知識を学ぶ」だけでなく、「学び方を学ぶ」ことで、将来にわたってオプション・バリューを高く保てます。

地理的な柔軟性

住む場所を柔軟に選択できるようにすることで、より良い仕事の機会や生活環境を見つけやすくなります。例えば、特定の地域に縛られない働き方を選ぶことで、リモートワークや海外での仕事のチャンスを活用することができます。

ライフスタイルの柔軟性

長期にわたる高額な固定費の発生を避け、生活に柔軟性を持たせることで、予期せぬ事態や新しい機会に迅速に対応することができます。例えば、転職や起業を考える際に、大きな負担を感じずに決断できるようになります。

人間関係の構築

さまざまなバックグラウンドや業界の人々と関係を築くことで、将来的に多様な機会を得ることができます。これにより、キャリアの選択肢を広げ、より多くの可能性を模索することができます。

これらの要素に配慮し、常に「修正」「撤退」「転身」のオプションを自分の手元に持っておくことが、現在のような不確実性の高い世界で生きるためには求められます。

第5章

学習と成長について

LIFE MANAGEMENT STRATEGY

これまでの組織研究から「人材の質」は、企業の長期的なパフォーマンスを予測する上で最も説明力のある因子だということがわかっています。もし「人材の質」がプロジェクトの成否を決める決定的な要因なのであるとすれば、同様のことが私たちの「人生というプロジェクト」についても言えるでしょう。

本章では、組織・人事に関するキーコンセプトを引きながら、私たちの「人生というプロジェクト」の唯一のリーダーである「私たち自身」の学習と成長について考察を深めましょう。

16 バランス・スコア・カード

「大事なこと」を書き出してスコア化する

徳は中庸であり、極端の間に位置するものである。

アリストテレス『ニコマコス倫理学』

バランス・スコア・カード（Balanced Score Card以下、ＢＳＣ）は、組織のパフォーマンス管理に使用されるフレームワークです。１９９２年に、当時ハーバード・ビジネス・スクールの教授だったロバート・カプランと、経営コンサルタントのデビッド・ノートンによって提唱されました。

ＢＳＣは、単に財務的成果のみに焦点を当てるのではなく、組織の戦略をより中長期的で多角的な視点から捉え、評価することを目的としています。

具体的にはＢＳＣでは、次の４つの項目によって企業のパフォーマンスを評価します。

財務視点

財務的な成功をどのように測定するかを示します。これは通常、収益成長、利益率、株主価値の向上など、金銭的な指標を用いて評価されます。

内部プロセス視点

組織の内部運営効率を測るための指標です。プロセスの効率、品質、提供時間などが評価されます。

顧客視点

組織が顧客にとってどのように価値を提供しているかを評価します。顧客満足度、市場シェア、顧客忠誠心などの指標が用いられることが多いです。

図16－1｜バランス・スコア・カード

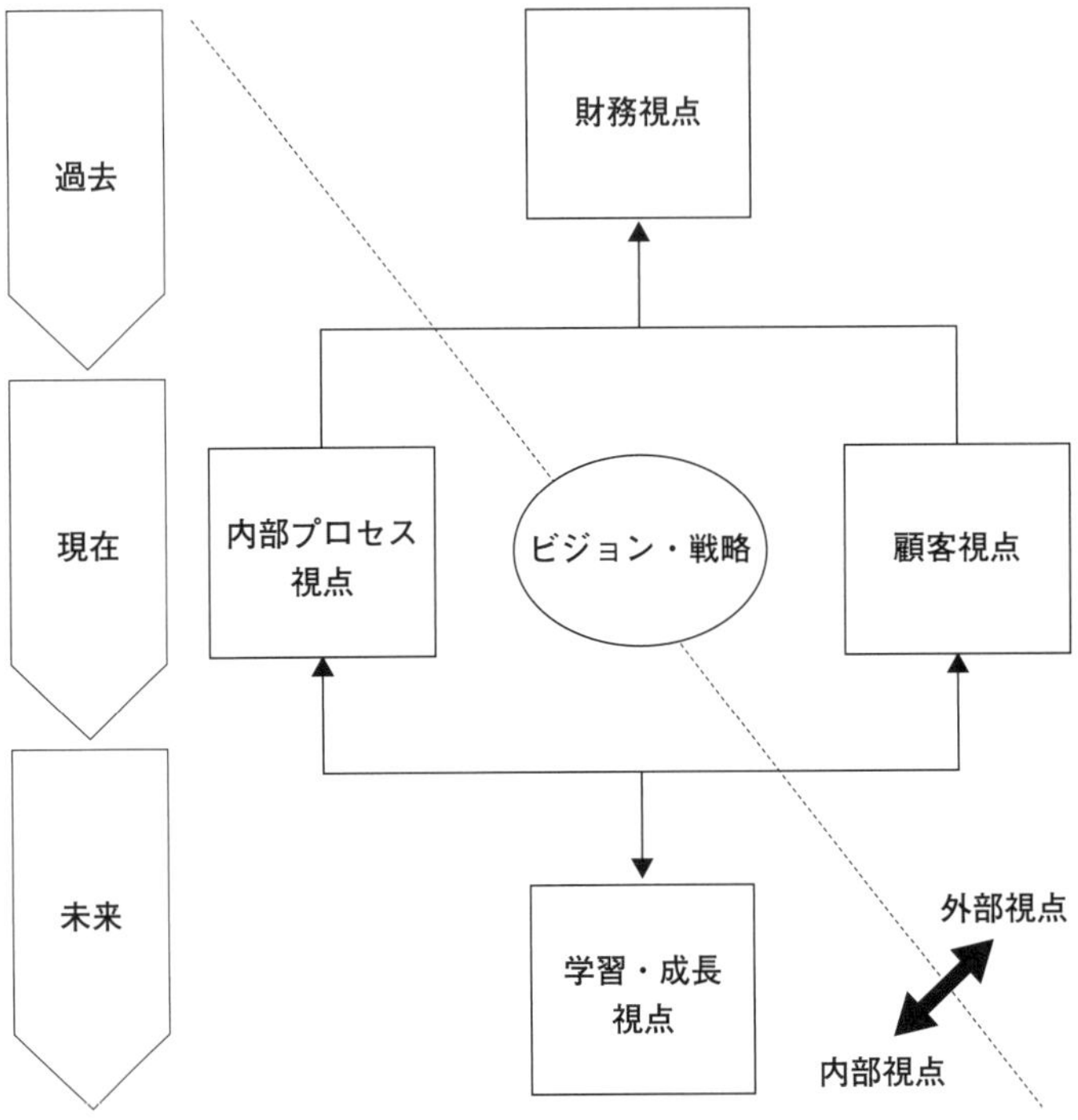

学習・成長視点

従業員の能力開発や組織のイノベーション能力といった、将来の成長に寄与する要素を測定します。従業員満足度、研修への投資、知識管理システムの効果などが指標になります。

■評価の目線に「短期」と「長期」を混ぜる

ＢＳＣを提唱したカプランとノートンは、当時の企業経営の評価が短期的な財務指標にあまりに傾斜しており、内部的な学習や顧客といった視点が欠落することで、結局は中長期的な競争力を犠牲にしているという問題意識から、ＢＳＣの枠組みを提唱しました。現在、ＢＳＣという用語が企業経営の現場で用いられることはあまりありませんが、これはＢＳＣという考え方が時代遅れになったというよりも、むしろＢＳＣの考え方が経営管理の常識として浸透したからだと考えられます。

ＢＳＣを理解する上でポイントとなるのが、これら４つの要素は、バラバラに孤立して存在しているのではなく、有機的な関係にあるということを把握することです。売上や利益といった財務的な指標は顧客からの評価によって大きく影響を受けます。

短期的には、例えば品質を犠牲にしてコストを下げることで、財務指標は改善することができますが、品質を悪化させてしまえば顧客の評価は低下し、中長期的には売上も利益も低下することになるでしょう。

また、内部プロセスの効率性や品質が高まれば、それは顧客の評価へとつながり、最終的には財務指標の改善にもつながるでしょう。

そしてさらに上流に、内部プロセスの効率性や品質を高めるためには、組織内の個人が学習し、成長することが必須となります。組織内の個人が、今日より明日、明日より明後日と成長し続けることで、内部プロセスの効率性や能力が高まり、それが顧客からの評価につながり、最終的には財務的な指標となって表れるのです。

これを時間軸で整理すれば、図にある通り

未来：学習・成長の視点
現在：内部プロセス視点＋顧客視点
過去：財務視点

と整理することができ、これらはまた

外部視点：財務視点＋顧客視点
内部視点：学習・成長視点＋内部プロセス視点

ということになります。つまり、細かい視点の話を捨象してしまえば、ＢＳＣという
のは経営のパフォーマンス評価における

時間軸の拡大＝過去だけでなく未来も
空間軸の拡大＝外側だけでなく内部も

の２つを訴えているのです。

■ＢＳＣを人生に当てはめてみる

さて、この考え方をライフ・マネジメント・ストラテジーに適用してみるとどのような洞察が得られるでしょうか？　ＢＳＣにおける４つの視点を、個人の人生に適用

してみると次のように翻訳できると思います。

財務視点

収入の水準や貯蓄の水準、収入と支出（ローン支払額）の適切なバランス等、個人的な経済状況の健全性に関する指標

顧客視点

・仕事における人間関係の質。特に仕事の発注主である上司・同僚・顧客からの評価や期待
・プライベートにおける人間関係の質。家族や友人との関係の質、コミュニケーションの量、さらにはその基底となる愛情

内部プロセス視点

・日常生活における全般的な時間管理の水準、仕事における生産性や効率性の水準
・メリハリの利いた仕事・家庭・個人の時間配分のバランス
・全てのパフォーマンスを左右するメンタル・フィジカルの健全度

学習・成長視点

・仕事を通じて得た新しい経験
・読書や旅行や対話を通じて得た新しい気づきや学習の量・質
・トレーニングや学校に参加して得た資格や学位

もちろん、これらの指標は例示的なものですから、最終的には、個人個人が「自分にとって大事なもの」をきちんと棚卸して、それらの「大事なもの」についての関係性とトレードオフを整理した上で、目標値を決めてモニタリングすることが重要になります。

■「自分のモノサシを持つ」ことの重要性

ＢＳＣのコンセプトをライフ・マネジメント・ストラテジーに採用する際、特に重要になってくるのが「自分のモノサシを持つ」ということです。ＢＳＣの有効性はしばしばＰＤＣＡサイクルの運用面について語られがちですが、ことライフ・マネジメントへの適用に関して言えば、最も重要なのは、運用の前段階である「指標の設定」、すなわち「自分なりの成功のモノサシは何か?」という点を考えることなのです。ここで深く沈潜するように思考して「自分なりの人生の良し悪しを図る指標」について考察しない限り、表面的にBSCのPDCAを回してもライフ・マネジメントのクオリティは向上しません。

しかし、これがなかなか難しいのです。というのも、ほとんどの人は深く考えることなく「世間で成功とされる目標」や「他人から羨ましがられる目標」を無批判に設定して時間資本の配分を最適化し、タイムパフォーマンスの向上に血道を上げてしまうからです。行き着く先は「無惨」と形容するしかありません。すでに何度も指摘している通り、目標設定を外せば戦略をどんなに精緻に作ってもプロジェクトは必ず破綻してしまいます。

■「的外れ」という罪

新約聖書にはキャリアに関する金言が数多く含まれていますが、こと「指標の設定」という点についても考えさせられる点があります。新約聖書には「罪」という言葉がしばしば出てきますが、これは原語のギリシア語では「ハマルティア」という言葉で、元々「的外れ」という意味なのです。

一般に、私たちは「罪」と聞けば、それは「他人からものを盗む」とか「他人に暴力を振るう」といったこと、つまりは法律で戒められている「犯罪」を思い浮かべるわけですが、そうではなく「目指しても仕方がないもの」、「狙っても意味がないもの」を目標にすることを「罪」と言っているのです。

翻って、現在の社会に目を転じてみれば、この「罪」はそこかしこに見られるように思います。そんなものを目指しても幸福になれない、むしろ目指せば目指すほど不幸になってしまうようなことを、多くの人が目標に設定して目指しているように、私には見えます。

■他人のモノサシを鵜飲みにするエリート

ハーバード・ビジネス・スクールでイノベーションに関して類稀な業績を残した経営学者、クレイトン・クリステンセンは、彼の同窓だった元エンロンのCEO、ジェフ・スキリングを題材にしながら、この「自分なりの成功のモノサシ」を持つことの重要性を、ハーバードの卒業生に向けて語っています。

わたしの知るハーバード時代のスキリングは、立派な男だった。頭脳明晰で、努力を惜しまない、家族思いの人間だった。マッキンゼー史上最年少でパートナーに昇格し、のちにエンロンのCEOとして、一億ドルを超える年収を得るようになった。だがその一方で、私生活は順風満帆とはいかず、最初の結婚は離婚に終わっていた。（中略）

エンロンの金融破綻に関わる重罪の有罪判決を機に、彼のキャリア全体が明るみに出ると、わたしは彼が人生をはなはだしく踏み外したことを知って、大きな衝撃を受けた。何かが彼に道を踏み誤らせたのは明らかだった。満たされない私生活、家庭の崩壊、仕事上の葛藤、そして犯罪行為。

クレイトン・クリステンセン『イノベーション・オブ・ライフ』

クリステンセンは同書の中で、スキリング以外にも、将来を嘱望されながら社会に羽ばたいていった彼の同窓生たちが、しばしば人生を「はなはだしく踏み外している」ことを述べています。

このようなニュースや情報に触れると、多くの人は「エリートなのになぜ？」という問いを立ててしまいがちですが、話は全く逆で、むしろ彼らは「エリートだからこそ」人生を踏み外したと考えるべきなのです。

なぜならエリートは全般に「他者から与えられたモノサシを鵜呑みにする」傾向が強いからです。課されたテストに意味や目的を問うこともなく、ただ一番を目指して一心不乱に取り組める、そのような性格特性が、彼らの成績を押し上げ、エリートたらしめるのです。

ジェフ・スキリングは自他ともに認める「エリート中のエリート」でした。彼自身が当時のインタビューで語っているように「自分は一番以外になったことがない」という人生をずっと送ってきたのです。

しかし残念なことに、スキリングは「与えられたテストで一番になること」ばかりを考えるだけで、最も重要な「私の人生で最も重要な指標は何か？」「何を一番にしたら私は幸福になれるのか」という問いについては考えたことがなかったのでしょう。

結果は、経営破綻、家庭の崩壊、そして止めが禁錮24年の実刑判決で、まさに「破滅」です。

ジェフ・スキリングをはじめとしたエリートの破滅は、私たちに「自分なりの成功のモノサシ」を持つことの重要性を示しているように思います。

■日本という社会のＢＳＣ

本節ではここまで、企業経営に用いられるＢＳＣのコンセプトを人生に活用することを考察してきたわけですが、ＢＳＣの考え方は、さらには社会運営にも適用できるということを指摘して、締めくくりたいと思います。本書冒頭において、私は日本の経済成長率が低下の一途を辿っている、ということを指摘しました。ここ10年ほどのあいだは、日本の経済成長率は全般に西欧先進国のそれと比較して見劣りしており、それゆえに「日本はダメだ」という議論がなされていることは確かです。

しかし、私たちの社会のありようについて考えた時、「経済成長率」というモノサシは、数多くある指標のひとつでしかない、ということもまた確かなのです。

そもそも「国の役割とは何か？」と考えてみてください。すぐに「安全保障」「教育の普及」「医療へのアクセス」「インフラの構築・維持」「格差の是正」「失業の防止」といった役割が浮かび上がると思いますが、これらの項目で日本と先進西欧諸国を比較してみれば、実はほとんどの項目で日本はトップクラスにあることがわかります。特に米国との比較において、日本が劣っているのは「経済成長率だけ」と言えるでしょう。

いたずらに経済成長率という指標だけを追いかけることの危険性を訴え、経済成長と医療・教育・福祉などの充実をバランスさせるべきだと訴えた米国の経済学者、ジョン・ケネス・ガルブレイスの『ゆたかな社会』が世界的ベストセラーとなったのは1958年のことでした。

その後、半世紀を経て、多くの先進国において物質的満足度がすでに飽和しているにもかかわらず、ガルブレイスの主張とは逆行するようにして、GDPという指標が、他の指標と比較して突出して重視されるようになっています。

一人当たりGDPが一定の水準を超えてしまうとウェルビーイングのスコアが伸長しなくなる「イースタリン・パラドクス」についてはすでに触れましたが、このパラドックスを前提にすれば、私たちの社会では、すでにGDPのスコアを伸長させることの意味合いは薄れている、ということもできるでしょう。もしそうなのであれば、私たちは「自分たちの社会がどれくらいうまくいっているのか」を図る指標として、GDPに変わる、社会のさまざまな側面を示す複数の別の指標、言うなれば「ソーシャル・バランス・スコア・カード」ともいうべきものを考える時期に来ているように思います。

そして重要なのは、このソーシャル・バランス・スコア・カードの指標は、私たち自身が考える「どのような社会が良い社会なのか」という議論に基づいて決められるべきだ、ということです。

なぜなら「他者から与えられたモノサシを受け入れること」は、そのまま「他者の支配を受け入れること」だからです。これは国についても企業についても個人についても、非常に重要なことなのですが、なかなか意識化されません。

「正朔《せいさく》を奉《ほう》ずる」という慣用句があります。これは「天子の定めた暦を採用すること、すなわち天子の統治に服従して臣下となること」を意味する慣用句です。

かつて、古代ローマ帝国は、進出した地域において、ローマ帝国が用いていた度量衡を受け入れさせることを「支配の象徴」としていました。ローマの築いていた道路や水道などのインフラをその地域に延伸させようとすれば、当然ながら長さや重さといった度量衡を共通させなければならないということですが、ことは技術的な側面にとどまりません。

他者から与えられたモノサシを受け入れてしまえば、長期的には必ず「モノサシを作る側＝支配者」と「モノサシを受け入れる側＝非支配者」という関係が、精神の深いところで成立してしまうのです。

　本書のテーマである「人生の経営戦略＝ライフ・マネジメント・ストラテジー」に即していえば、皆さんの人生の良し悪しを測るための指標は、決して他者から与えられるべきではなく、それは、皆さん自身が考える「自分にとってのウェルビーイングとは？」という問いから生まれたものでなければならない、ということです。

17 ベンチマーキング

行き詰まったら素直に真似てみる

凡庸なアーティストは模倣する。偉大なアーティストは奪う。

パブロ・ピカソ

ベンチマーキングとは、ある組織や個人が他者の成功事例やパフォーマンスを基準に、自らのプロセスや成果を比較・評価し、改善策を導き出す経営手法です。

ベンチマーキングの概念は、1980年代にアメリカのゼロックス社が、自社の業務改善のために組織的に導入したのが始まりと言われています。当時、ゼロックスは日本のメーカー、中でもキヤノンから強い競争圧力を受けていました。

ゼロックスは複写機に関する特許のほとんどを独占していましたが、それらの特許に抵触しない形で、まずは70年にキヤノンが普通紙複写機市場に参入し、これにリコーやミノルタが続いた結果、一時期は100％に届くかと思われた市場シェアは、82年には13％にまで落ち込んでしまいます。

何が問題だったのでしょうか？　競合となる日本企業と比較すると、ゼロックスの製品は品質が悪く、コストは高く、開発期間は長くかかっていました。これでは競争に負けるのは当たり前です。彼らは自分たちの劣位を謙虚に認め、日本企業をお手本として改革を進めることを決心したのです。

ゼロックスの経営陣がまずやったことは、安くて高品質な競合企業の製品をバラバラにして調べてみることでした。これを経営用語ではリバース・エンジニアリングと呼びます。結果、彼らはその品質の高さ・コストの低さに驚愕します。なぜ、こんなことができるのか？

ゼロックスの経営陣は直球のアプローチを採用し、富士ゼロックスに調査協力を依頼して、調査チームを送り込み、結果「市場で敗北する前に、工場で敗北していた」ということを理解します。

やがて、ゼロックスによるベンチマークの効果は、業界を超えて知られるようになり、その後は自動車、エレクトロニクスなどの業界でも盛んに日本企業のベンチマークが行われるようになり、米国の企業変革の核となっていきます。

■ベンチマーキングとは「謙虚さ」

今から思えば、米国企業によって日本企業を対象としたベンチマークが盛んに行われた1980年代という時代は、衰退する米国経済が底を打って反転攻勢に出る、まさにターンアラウンドの時期だったのかもしれません。

なぜなら、こういった取り組みが米国企業によって大々的に行われたということが、深いレベルにおける米国ビジネスパーソンのマインドセットの変容を象徴的に表していると思うからです。

米国は、主に欧州からの移民によって成立したという歴史的な経緯の影響もあって、個性や独自性を重んじ、特にビジネスやエンタテインメントの分野では「他者の模倣」に対して批判的な立場を取ります。

したがって、彼らにとって「他者の模倣をする」というベンチマーキングの考え方は、深いレベルでの精神性の変容がなければ、絶対に受け入れられるものではなかったのです。しかも、模倣の対象となっているのは、太平洋戦争で完膚なきまでに叩きのめした、あの東洋の貧乏国なのです。

本当の企業変革は、精神レベルでの変容がなければ推進できない、とは企業変革の世界でよく言われることですが、80年代の米国による、言うなれば「身も蓋も無い」取り組みは、米国のビジネスパーソンのあいだで、そのような深いレベルでの変容が起きていたことを示しています。

■異なる領域からもベンチマークは可能

さて、先述したゼロックスによるベンチマークの事例は、もろに同業の競合他社をベンチマークした事例ですが、ベンチマークの対象となるのは同業の他社だけではありません。いや、むしろ「ベンチマークによって画期的な成果が得られた」という事例では、一見すると何の関係もないと思われるような、遠く離れた領域における優れた取り組みを対象にしていることが多いのです。例えば次のような事例です。

IBMによるL.L. Beanのベンチマーク

ＩＢＭは、部品在庫管理の効率化を目指して、アウトドア用品を扱う通販会社L.L.

Bean の在庫管理手法をベンチマークしました。結果、L.L. Bean の需要予測と在庫最適化システムを参考にすることで、ＩＢＭは部品の過剰在庫を削減し、コスト削減と効率化を実現しました。

サウスウエスト航空によるＦ１のベンチマーク

米国の格安航空会社、サウスウエスト航空は、航空機の整備時間短縮のために、モーターレーシングのＦ１のピットクルーの整備プロセスをベンチマークしました。モーターレーシングの効率的なチームワークや専用工具の開発と活用、明確な役割分担を飛行機の地上作業に取り入れ、ターンアラウンドタイムを劇的に短縮。これにより、サウスウエスト航空は運航効率を高め、低価格戦略を維持できました。

トヨタ自動車によるスーパーマーケットのベンチマーク

トヨタ自動車は、ジャストインタイム生産方式を確立する際に、スーパーマーケットの在庫管理手法をベンチマークしました。顧客の広範な需要に応じながらも、在庫を最低限に保つスーパーマーケットのシステムを参考に、トヨタ自動車は無駄を最小限に抑え、効率的な生産システムを確立しました。

ルーヴル美術館によるディズニーランドのベンチマーク

2000年代の初頭、ルーヴル美術館は、来館者の多くが、導線がわかりにくい、迷って疲れてしまう、お目当ての展示物が混雑していて見えないといった不満と共に美術館を早々に後にしているという問題に直面していました。彼らは、来館者の体験向上のために、テーマパークであるディズニーランドの運営手法をベンチマークしました。

結果として、美術館の訪問者体験の向上により、来場者数が増加し、より多くの人が美術館での時間を楽しめるようになりました。

■「学ぶ」は「真似る」

ベンチマーキングは、単なる模倣ではなく、他者から学び、それを自分の状況に応じて最適化する一種の「学習プロセス」として捉えられます。この「学ぶ姿勢」が、ビジネス戦略の一環として重要視されるようになったことは、アメリカのビジネス文化にとって大きな変化でした。1980年代のアメリカでは、他国や他社から学ぶことが「劣等感」ではなく、「優れた手法を取り入れることが成長のために必要な手段」であるという認識が広がったのです。

この考え方は日本語の「学ぶ」という言葉の語源にもつながります。そもそも「学ぶ」の語源は、古語の「マナ＝真似」であり、つまり「真似る」という意味です。本章の中心となるテーマは「学習と成長」ですが、学習するためには、まず模倣が出発点になることを昔の人は経験的にわかっていたのです。能の大成者、世阿弥の遺した「守・破・離」という言葉の「守」は、まさに師匠や先人の教えを忠実に守り、模倣するプロセスのことです。

■創造性と模倣は相反しない

創造性はしばしば「オリジナリティ」、つまり他にない独自のアイデアや作品を生み出すことと結びつけて考えられますが、実際には模倣が創造性にとって大きな役割を果たしていることが、科学、芸術、その他多くの分野で認められています。模倣は、学習や発展の出発点であり、新しいアイデアや表現を生み出すための土台となるプロセスなのです。

例えば天才の代名詞としてしばしば名の上がるピカソですが、大学で美術史を研究した人間に言わせれば、ピカソほど多くの作品の創作アイデアの「ネタ元」が特定されているアーティストは他にいません。そして、これがまた奇妙なことに、ほとんどのケースにおいて、ネタ元となった作品よりも、ネタを活用したピカソの作品の方がよく知られているのです。世界というのは本当に理不尽なものですね。

本節冒頭のピカソの言葉「凡庸なアーティストは模倣する。偉大なアーティストは奪う」は、模倣の疑惑があることを指摘したインタビュアーに対してピカソが返した言葉ですが、この言葉には、創造におけるベンチマークという行為の本質がよく表れていると思います。大事なのは「模倣した上で、自分のものとして取り込んでしまう」ということなのです。

例えばよく知られている通り、アップルの初代マッキントッシュに搭載されていたマウス、GUI（＝グラフィカル・ユーザー・インターフェース）、ビットマップディスプレイなどの新機軸は、全て元々はゼロックスのパロアルト研究所で開発されていたものでした。

スティーブ・ジョブズらは、パロアルト研究所で画期的な技術が開発されているらしい、という噂を聞きつけ、口八丁手八丁で見学をねじ込み、目撃したそれらの技術に衝撃を受け、初代マッキントッシュにことごとく採用しました。

この経緯をよく知っているビル・ゲイツは、マイクロソフトのWindowsがマッキントッシュのインターフェースを真似した、と激怒するスティーブ・ジョブズに対して「なあスティーブ、僕らの近所にゼロックスというお金持ちがいた。僕がテレビを盗みに入ったら、すでに君が盗んだ後だった、というだけのことだろ」という真っ当な、しかしそれはそれでどうなの？　と思わせる反論をしています。

私たちの一般的な認識とは異なり、模倣というのは非常に有効な学習の一環であり、新しい技術や知識を習得するための効果的な方法なのです。

■ベンチマークを人生において実践する3ステップ

それでは人生の経営戦略＝ライフ・マネジメント・ストラテジーにおいて、ベンチマークを実践していくためにはどのようなポイントがあるのでしょうか？

①課題認識を持つ

まず、ベンチマークを行うためには、自分の課題を特定することが必要になります。

このとき、課題のポイントの具体性が明らかになればなるほど、ベンチマークの対象を選択する力も上がります。逆に、課題の特定が具体化できずに、ただぼんやりと「なんとなくうまく行っていないよな」というような認識のままでは、ベンチマーク対象を絞ることすらできません。「気づく力」は課題認識の力と表裏一体です。まずは、自分のどこに問題があるのかを把握することが第一歩となります。

②ベンチマーク対象を選出する

課題を特定した後は、その課題を解消するためのベンチマーク対象を選出します。ベンチマーク対象を決めるにあたって、特に重要なのは「能力」ではなく「行動」と「時間配分」に着眼する、ということです。なぜなら「能力」は簡単には真似できないのに対して、「行動」や「時間配分」はすぐに真似ることができるからです。そして多くの場合、問題を解決する鍵は「時間配分」にあるからです。

私自身は、コンサルティングのプロジェクトにおいて、それこそ幾度となくベンチマーキングのプロジェクトを行いましたが、ほぼ全てのケースで「時間配分」は、成果を左右する重要な要素となっていました。

次の図17－1を見てください。これはあるプロジェクトで行った、好業績店舗の店

図17－1｜好業績店舗の店長と低業績店舗の店長との「時間の使い方の対比」

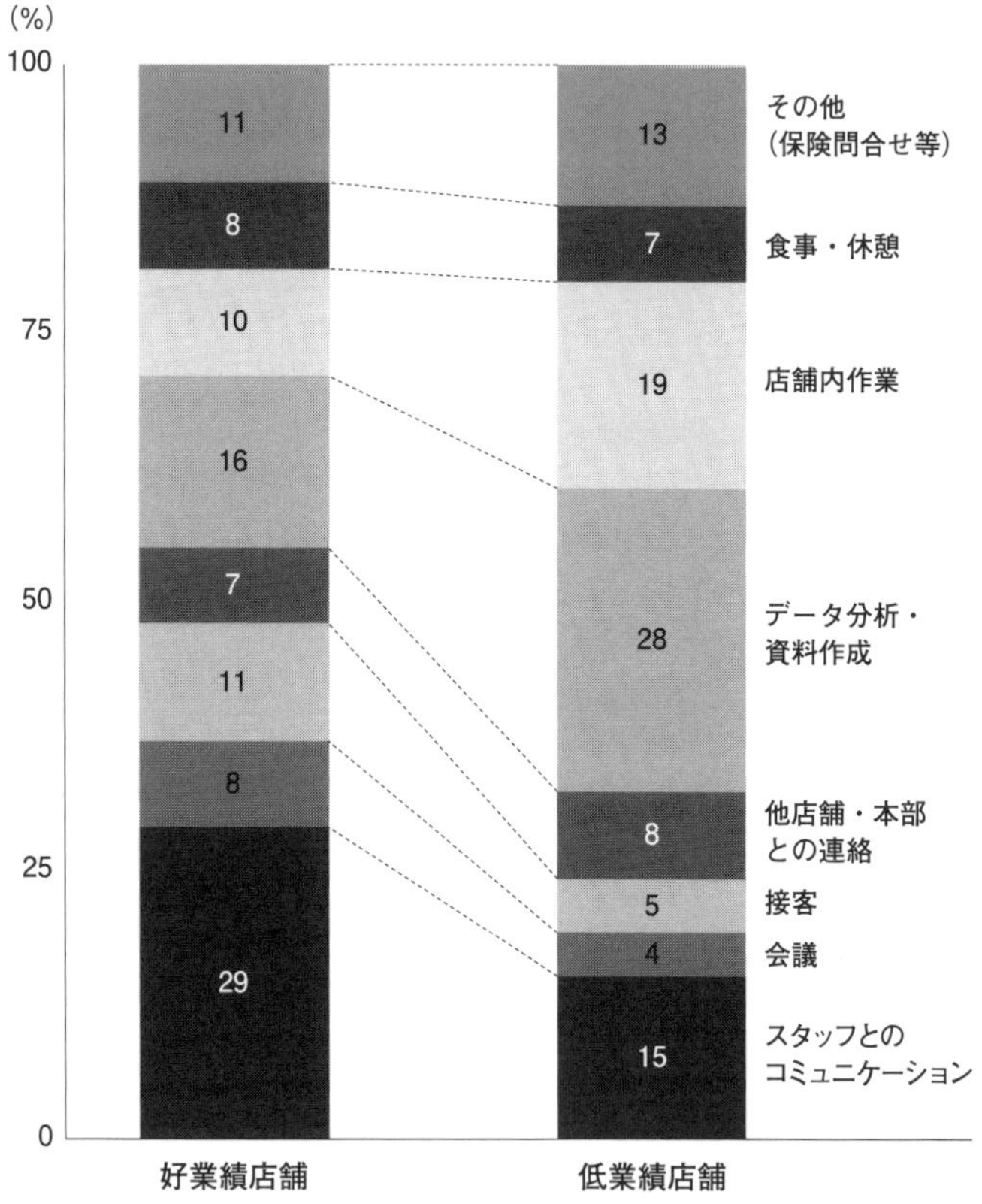

出所：筆者プロジェクトデータを基に作成

長と低業績店舗の店長との「時間の使い方の対比」です。守秘義務の問題から、細かい項目と時間については変えていますが、イメージはわかると思います。

この分析結果を見る限り、低業績店舗の店長は押し並べてスタッフとのコミュニケーション時間が短く、データ分析や資料作成にかけている時間が長いことがわかります。その他にも会議や接客、他店舗・本部とのコミュニケーションなどを含めると、好業績店舗の店長が、いわゆる「コミュニケーション」に全業務時間の半分近くを割いているのに対して、低業績店舗の店長は、それが3割程度しかないということがわかります。

③とりあえず真似てみる

ベンチマークによって得られた具体的な示唆や学びを、まずは素直に実践してみましょう。「素直さ」というのは、見過ごされてしまいがちな性格特性ですが、特にベンチマークの実践においては重要な点となります。

これまで長らく人材育成・経営者育成に関わってきた立場から、「伸びる人」に共通する特徴は「素直さ」だと思っています。逆に言えば、伸びない人、現場の「お山の大将」で終わってしまう人の特徴は「頑固」ということです。自分のこれまでのやり方に拘泥して、なかなか新しいやり方・考え方を受け入れようとしなければ、成長はそこで止まってしまいます。

中学生の王貞治を発掘して早稲田実業高校から読売ジャイアンツ入団へのルートを手引きし、のちに一本足打法を完成させたコーチの荒川博は、たまたま隅田川河川敷で見ていた試合中に、兄の真似をして右打ちしていた中学生の王に「左打ちで打ってごらん」とアドバイスしたところ、即座に「はい」と答え、それで痛烈な二塁打を放ったのを見て、その「素直さ」に感心して「この子は伸びる」と直感したというエピソードを語っています。

コーチングの現場では「コーチャビリティ」と言われる概念ですが、実は学習と成長においては、この「素直さ」が非常に重要な要件となります。なぜなら、私たちの学習は「意識を変えること」で発動するのではなく、まず「行動を変えること」で発動することがしばしばあるからです。

私たちは一般に、「意識を変え、そのあとで行動が変わる」と考えてしまいがちです。しかし、私たちの脳は非常に保守的にできていて、なかなか「意識を変える」ことができません。意識が変わらなければ、当然に行動は変わりません。行動が変わらなければ、結果も変わらず、そして人生も変わりません。

この「意識の保守性」を乗り超えるために、難しい「意識を変える」ことをせずに、まず「行動を変える」ことからやってみる。行動が適切に変われば、結果も変わります。結果が変わることで、最終的に「意識が変わる」ことを目指すのが、ベンチマーキングのアプローチだと言えるでしょう。

18 経験学習理論
良質な失敗経験を追い求める

窮すれば、すなわち変ず。変ずれば、すなわち通ず。
易経

皆さんは「学習」と聞いてどのようなイメージを持たれるでしょうか? おそらく、多くの人は「なんらかのスキルや知識を、新たに獲得すること」といったイメージを持たれているのではないかと思います。しかし、経営学における組織行動論では、少し異なる角度から学習を定義します。すなわち、学習とは

経験を通じて自分の信条・習慣・思考様式を変化させることで、同じインプットに対

して、より良いアウトプットを出せるようになること

と定義されます。

この定義には、多くの人が学習に対してイメージする「何かを加えること」というニュアンスが全く含まれていないことに注意してください。学習というと、すぐに「何かを勉強すること、練習すること」といったイメージがつきまといますが、**学習というのは「自分という認知システムが変容すること」であり、さらに踏み込んで指摘すれば、その変容によって「世界がそれまでとは違って見えるようになること」なのです。**

今日の人事の世界において学習に関するデファクトスタンダードとなっている理論「経験学習理論」（Experiential Learning Theory, ELT）を最初に唱えたのは米国の教育心理学者、デイヴィッド・コルブでした。コルブは、自身による教育心理学領域の研究と、ジョン・デューイ、クルト・レヴィン、ジャン・ピアジェといった先行研究者の影響を盛り込みながら、１９７０年代から１９８０年代にかけて経験学習理論を発展させ、１９８３年に著書『Experiential Learning: Experience as the Source of Learning and Development』を発表し、経験学習理論を体系的に紹介しました。

図18－1 経験学習のコンセプト

デイヴィッド・コルブによる経験学習のコンセプト

学習サイクル	コルブによる各サイクルの定義
具体的経験	●自分で考え、動き、結果を受け入れること ●難関に対応するなかで、後から省察する対象となる象徴的な経験を得ること
内省的観察	●経験を多様な観点から振り返ること ●いったん現場を離れ、自らの経験の意味を振り返ること
活動的実験	●新しい場面で抽象化した学びを実際に試してみること ●学習者が現場の業務においてさまざまな状況・局面に直面すること
抽象的概念化	●他の場面でも適用できるような概念化を行い、持論をつくること ●複数の難関を処理する中で得た経験の意味を重ね合わせ、仕事の持論を自ら構築すること

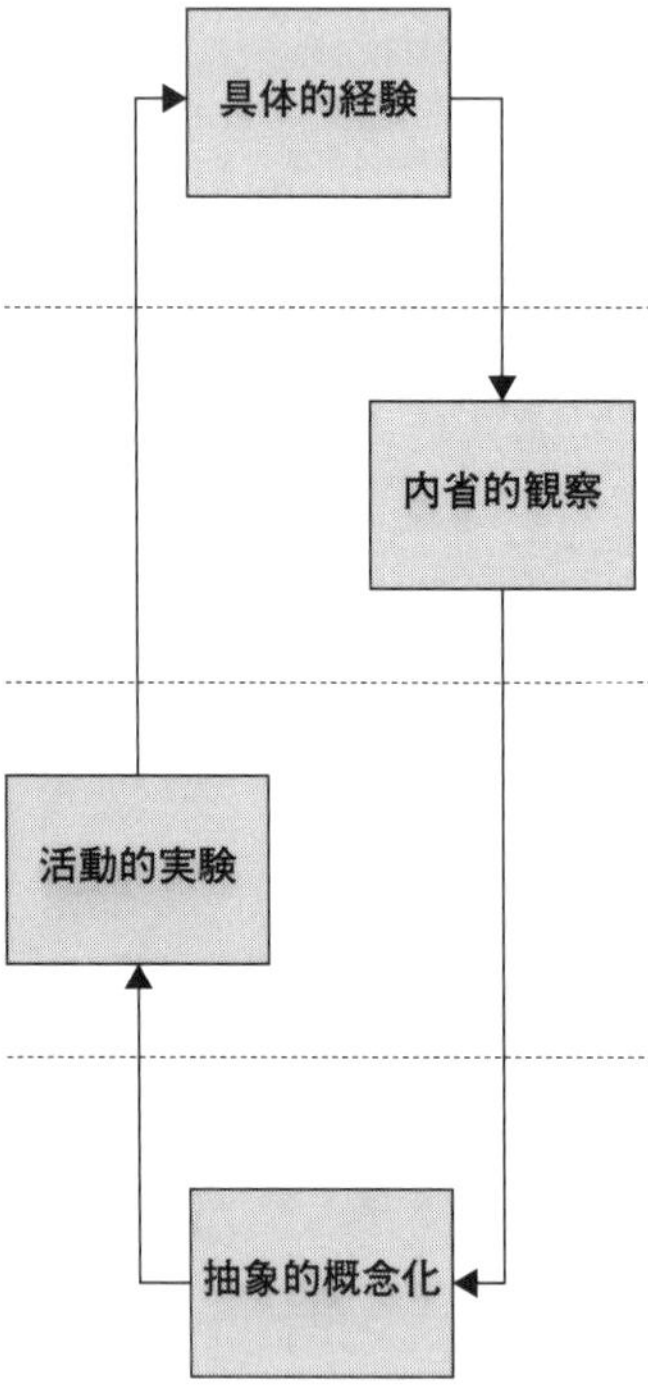

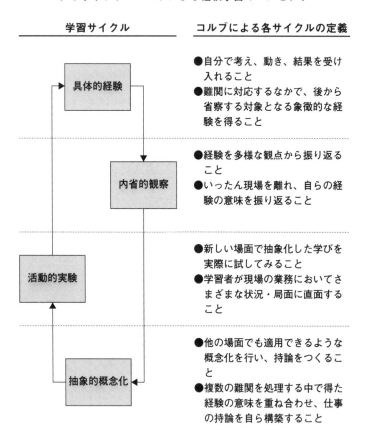

この著書において、あの有名な「経験学習サイクルの4ステップモデル」が初めて紹介されました。コルブによれば、私たちの学習は「具体的経験」を起点とする省察と抽象化のサイクルとして捉えることができます。

■経験とは「良質な失敗」のこと

各ステップの定義については図中にある通りなのですが、ここで注意して欲しいのが、起点となる「具体的経験」は、私たちが通常の会話で用いる「経験」とは大きく異なるニュアンスを持っているという点です。

そもそも「経験」とはどのように定義されるのでしょうか？　省察の構造を研究したD・A・ショーンは「予測しなかった結果に出会うことができる機会」と指摘しています。人は、予測しなかった結果に出会ったときに、それまで暗黙的になされていた自分自身の行動を表に出して、批判的に振り返ります。「こうなるはずだ」と思ってとった行動が、思いがけず想定外の結果を招いた時、人は自己のシステムの変容を促すようなきっかけを得るのです。

■「全部うまくいっている」は危険な兆候

ショーンによる「経験」の定義は、私たちのライフ・マネジメント・ストラテジーに大きな洞察を与えてくれます。「経験」が学習の起点であり、さらに「経験」が「想定外の結果に出会って困惑すること」なのだとすれば、私たちが望ましいと考えている「何もかも想定通りにうまくいっている」という状態は「学習の停滞した状態」と言い換えることができるからです。

まれに企業研修などの場で「自分はプロジェクトを失敗させたことがない」と自慢気に話している人がいますが、ショーンの指摘を踏まえれば、若い時に失敗経験がないというキャリア自体がすでに失敗だ、とも言えるのです。なぜなら、特に若い時期の失敗は、失敗がもたらすリターンの期間が長期化するためNPVが大きいからです。

このように考えてみると、若い時ほど良質な失敗体験を積ませることが重要だ、ということになるわけですが、これがなかなか難しいのです。

というのも、現在の日本社会は非常に過保護になっており、若い人を自由に働かせて思いっきり失敗させるということが、なかなかできていないからです。

この問題に追い討ちをかけるのが、社会と組織のピラミッド構造です。日本企業は

1990年前後のバブル期に大量採用を行っており、多くの組織において50代の「花のバブル入社組」の層が厚くなっているため、よほど意識的になって「質の良い仕事」を若い世代に回していかない限り、若年層で「経験のデフレ」が起きることになります。

■組織にとって「経験」は経営資源

組織にとって「経験」とは資源です。なぜなら「経験」を与えることによって人的資本が増加するからです。したがって企業は、ヒト・モノ・カネといった経営資源と同様に「経験」についても、最も大きなリターンの期待値をもつ対象に投資するべきだ、ということになります。では、どのような対象に投資するのが最もリターンの期待値が大きいのか？

すでに説明した通り、リターンの期待値＝NPVを大きく左右するのは「時間の長さ」ですから、答えは「できるだけ若い人」ということになるわけですが、こちらもなかなかできていない、というのが現状です。

組織内における「経験の総量」はゼロサムですから、これをどう配分するかは、それこそバランス・スコア・カード（ＢＳＣ）の「学習・成長の視点」の観点からは非常に重要な論点なのですが、どうも日本の企業はこの点について問題意識が薄く、これから先のキャリアが長くない年長者に貴重な機会を与えてしまっていることが少なくありません。

例えば、グループ企業の経営の立て直しなどというのは、良質な経験ができる最も貴重な機会のひとつなのですが、このような機会を、定年がほど近い年長者に与えてしまうというようなことを平気でやっているのです。むしろ、こういった仕事は、これから先のキャリアが長い30代前半の人にこそやらせるべきなのですが……。

■自ら機会を創り出し、機会によって自らを変えよ

以上の考察を踏まえて、ライフ・マネジメント・ストラテジーにおける洞察を引き出せば、これはそのままリクルート創業者の江副浩正の有名な言葉に落ち着くと思います。それはすなわち

自ら機会を創り出し、機会によって自らを変えよ

という言葉です。

組織の上層部にポジションが固定化され、経験のデフレが進行している日本の社会・組織において、貴重な機会が与えられることを受動的に待っていれば、無為に貴重な時間資本を、さしてリターンの得られない活動に投下することになってしまいます。

このような状況を打破するためには、受動的に「良い経験を得られる機会」を座して待つのではなく、能動的に自ら「良質な経験を得られる機会」を創り出していく姿勢が必要です。

それは例えば、新しいプロジェクトを提案したり、他部門との横断的な仕事を提案したり、場合によっては社外における活動に参加するなど、従来の職務範囲を超えた挑戦に踏み出すといったことです。

このようなアドバイスをすると、よく「自分には権限がないから動けない」といったことを言い出す人がいるのですが、これは全く考え方が逆で、むしろ「動き出さないから権限が与えられない」と考えるべきなのです。組織におけるパワーを許可証のように考えている人がいますが、パワーというのは一種の現象であり、その現象は

「自ら動く人」の周囲に発現するのです。

自ら「成長の機会」を創り出すことは、単にスキルや実績を積むだけでなく、リーダーシップや創造力といった重要な能力も養います。限られたチャンスの中でも、自分で価値ある経験を創り出す力は、どのような環境でも生きる力となり、結果的には組織にとっても価値のある人材となるでしょう。

19 発達指向型組織

積極的に「弱さ」は開示する

弱さをさらけ出せる人だけが、本当の関係を築くことができます。

ブレネー・ブラウン

発達指向型組織とは、ハーバード大学教育学大学院のロバート・キーガン教授と、研究パートナーであるリサ・ラスコウレイヒーが提唱している組織コンセプトです。キーガンらは、高収益性と人材育成の両立を果たしている企業を研究対象とし、それらの企業が成人発達理論の原則に適合した形で組織運営されていたことから、その特徴を学術的な見地から捉えて体系化しています。

具体的には、発達指向型組織は、通常の組織と比較して、次のような特徴を持っています。

最大のポイントは、通常の組織が、最もその仕事で安定した成果が出せる人に仕事を任せるのに対して、発達指向型組織では、そのような考え方を取らないということです。なぜなら、その仕事がすでに上手にできるということは「その仕事を通じて成長する余地が少ない」ことを意味するからです。

したがって、発達指向型組織においては、仕事は、その仕事をやらせることによって最も成長できそうな人に任せる、という考え方を取ります。

当然ながら、このようなアサインメント（＝仕事の割り振り）を行えば、最も上手にやれる人にアサインメントを行った時よりも、組織全体としてのパフォーマンスは一時的に低下することになります。

しかし一方で、このようなアサインメントを行うからこそ、人材の成長が促進され、組織全体の人的資本が中長期的に向上することになります。そして組織全体のパフォーマンスもまた、従前の状態よりも向上することになります。これが、発達指向型組織が、高い収益性と人材の成長を両立できている理由です。

図19－1　発達指向型組織に見られる特徴とは？

	発達指向型組織	安定指向型組織
重視点	●成果と学習の両方を重視する	●成果を重視する
配置のロジック	●経験が成長につながると思える仕事をアサインする ●コンフォートゾーンの人を外す	●一番上手にやれる人にやらせる
狙い	●学習の促進 ●建設的な混乱	●安定的な業務執行
同僚の役割	●同僚全てが成長を支援するコーチ ●部下も上司にコーチングを行う	●業務執行上の仲間
弱さの捉え方	●能力開発の気づきを与えてくれる ●皆で共有して支援のきっかけにする	●他人に知られてはならない

出所：ロバート・キーガン、リサ・ラスコウ・レイヒー『なぜ弱さを見せあえる組織が強いのか』を基に筆者が作成

■本当の「適材適所」とは？

組織に関する配置の議論では、よく「適材適所」ということが言われますが、これはなかなかトリッキーな概念です。先述した通り、安定的なオペレーションを目指す通常の組織であれば、「適材適所」は、それぞれの仕事について、それを最も上手にやれる人を配置する、というのが答えになります。しかし、人材がそのように配置されてしまうと、その人の成長ポテンシャルを引き出すことができません。これは、中長期的には組織を停滞化させる要因となります。

現在の日本ではエンゲージメントの低さが大きな問題となっていますが、各種の調査は、エンゲージメントを高める最も重要な要素のひとつとして「成長実感の有無」を挙げています。日々の仕事を通じて自分が成長できているという実感が、仕事へのエンゲージメントを形成するということで、ここは多くの方にとっても実感があるでしょう。

したがって、その仕事を最も上手にやれる人を、それぞれの仕事に配置するという考え方は、非常に問題が大きいのです。

一方で、発達指向型組織における「適材適所」は、その仕事を与えることで、最も成長できそうな人を配置する、というのが答えになります。これはすでに説明した「経験学習」の理論とも付合する考え方です。

■「弱さ」を資源として考える

キーガンらによれば、発達指向型組織では、特に「弱さ」についての捉え方が、通常の組織とは大きく異なります。通常の組織において「弱さ」が、できるだけ見せてはならないもの、周囲に知られてはならないものとして考えられているのに対して、発達指向型組織においては、「弱さ」は機会として考えられているのです。なぜなら、その「弱さ」を埋めることで本人も組織も成長することができるからです。

私たちは「弱さ」をネガティブなものとして捉え、これをできるかぎり隠そうとします。そして逆に、自分たちの「強さ」をデモンストレーションできる場を求め、自分の「弱さ」が露呈してしまうかもしれないような不慣れな仕事や、難しいプロジェクトへのチャレンジを避けてしまいます。

もちろん、短期的にはそのように振る舞うことで、周囲に自分の有能さをアピールすることはできるかもしれませんが、中長期的には非常に難しい状況に陥ることになります。なぜなら、そのようなことを繰り返している限り、その人の学習や成長は停滞することになるからです。

■毎日を研修にする

発達指向型組織において特徴的なのは「研修」と「業務」を分けて考えていない、ということです。通常、私たちは、日常業務を「学習の場」としては考えておらず、とにかく、ミスなく卒なくこなすことを指向します。

一方、研修の場では、失敗の許される場所としてこれを捉え、ミスなく卒なくこなすことよりも、何かを学ぶことを重視して参加します。もちろん、これはこれで良いのですが、研修にはいくつかの限界があることも確かです。

限界1：継続的ではなく、期間限定的

研修の期間はごくごく限られています。学習が研修の場だけで起きる組織と、学習が日常業務の中で継続的に起きる組織を比較すれば、後者の方が成長は促進されることになります。

限界2：日常業務の文脈とは切り離されている

研修は通常、日常業務の文脈とは切り離されており、研修で学んだことが、そのまま現場で活かせるわけではありません。経験学習理論の枠組みでいえば、研修は「内省」と「抽象化」に該当しますが、これを実験につなげるためには、それ相応の工夫が必要になります。

限界3：対象メンバーが限られる

言うまでもなく、研修に参加できるのは一部の人たちであり、組織全体の成長・学習という観点から考えるとスピードやスケーラビリティには自ずと限界があります。

限界4：開発の対象が組織ではなく個人に限られる

ここはわかりにくいポイントかもしれません。組織のパフォーマンスが上がる時、個人だけでなく、周囲の人との関係性のあり方、連携のあり方もまた同時に変わります。研修では通常、開発の対象は個人となっていますが、現場の仕事を通じての学習は、通常、個人だけでなく、周囲の人たちも巻き込んだ組織的なものになります。

誤解して欲しくないのですが、私は「だから研修は必要ない」と言っているのではありません。むしろ、欧米企業と比較すると、日本企業の人材育成に関する投資は1桁どころか2桁少ないので、もっとアクセルを踏むべきだと思います。私が言っているのは、人々の発達・成長は「研修の場」だけでなく、「業務の場」においても追求されるべきだということです。

そのためには、その組織の文化が、他のビジネス上の目標——それは例えば売上や利益や品質などといった項目ですが——と同等以上に、人々の成長についても重視するものに変わっていく必要があります。

■コンフォートゾーンを抜ける

ここまでの知見を、個人の人生の経営戦略=ライフ・マネジメント・ストラテジーに当てはめて考えてみるとどうなるでしょうか?

まず、私たちは「自分の強みが発揮できる場所」だけに居続けることを戒める必要があります。個人の学習が「弱さ」の発現によって始動されるのであれば、私たちは

図19－2 「学習」は常にコンフォートゾーンから抜けることで可能になる

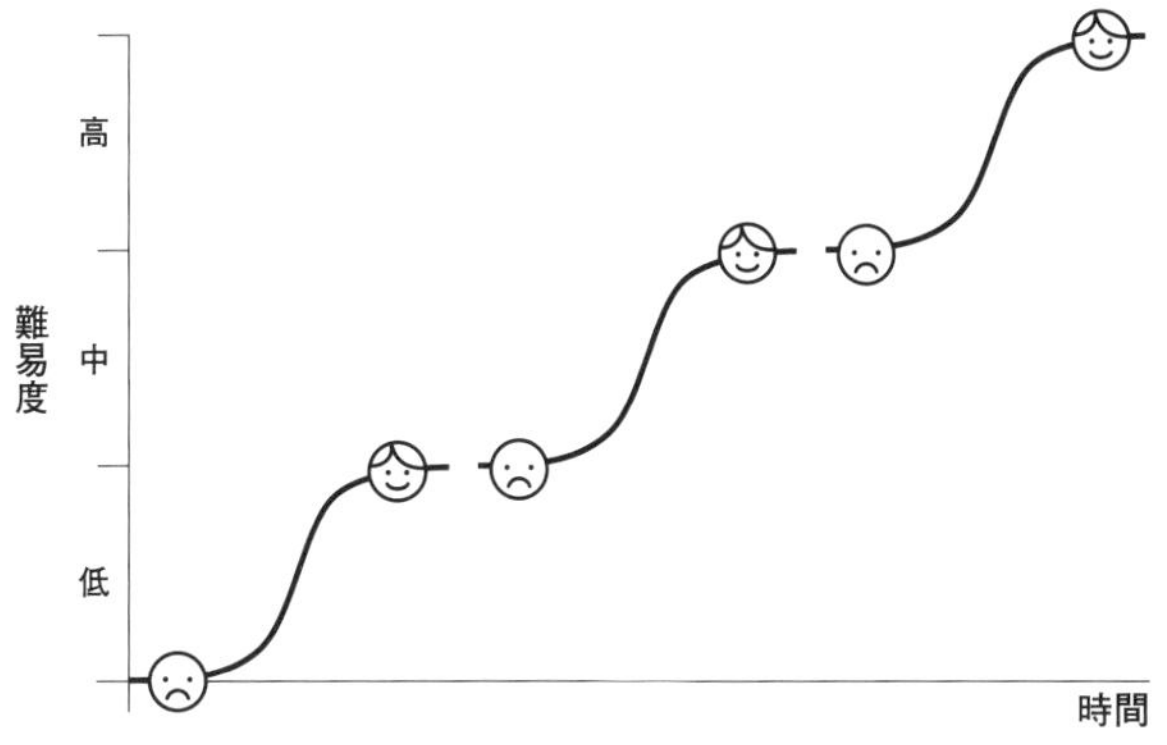

「もしかしたら失敗してしまうかもしれない」という仕事にチャレンジすることによってしか、成長できないということになります。

ここでカギになるのが「コンフォートゾーンから抜ける」ことです。図19－2を見てください。

新しい仕事を始める時、たとえ難易度の低い仕事であっても、私たちは不安です。そして、この仕事に取り組むことで徐々に成長し、やがて、S字の曲線を辿って学習・成長し、その仕事を非常にうまくこなせる段階に至ります。コンフォートゾーンとは、その仕事をやるにあたって、大きな心配がなく、リラックスして取り組める状態のことをいいます。

上司や同僚からすれば、仕事を安心して任せられる状態であり、本人も自信を持って取り組めている状態で、ストレスの非常に低い状態ではあるのですが、あまりに長くこの状態に居続けると、学習・成長は停滞してしまうことになります。

そこで、次に難易度の高い仕事にチャレンジすることになるわけですが、このとき、前の仕事を始める時に感じたストレスや不安を、ふたたび感じることになります。そしてまた、同様にS字の曲線を辿って学習・成長し、やがてその仕事を非常にうまくこなせる段階に至ります。そして、このサイクルは、私たちが人生において学習・成長を続ける限り、常に繰り返されることになります。私たちの学習・成長は「コンフォートゾーンから抜ける」ことでしか実現できないのです。

■「みっともない」ことをしているか？

今、これを読んでいる皆さんが、ここ一年を振り返って、大きな不安やストレスもなく、スムーズに周囲の期待する成果を出せていたのだとすれば、それはそれでまことに喜ばしいことではあるのですが、学習や成長といった観点からすると「天井にぶつかってしまっている」という状態だと言えます。このような状態が長く続くと、先述した『山椒魚』のような状態になってしまう可能性があります。

この停滞が発生しがちなのが、特に40代の「人生の夏の後半」からです。この年代になると、それなりに実績も評価されている方が多く、あまり「みっともない姿」は見せられないなと思うようになります。そうすると、自分の経験の範囲内でやれる仕事ばかりをやり、みっともない姿を見せることになりかねない、難易度の高い仕事や新しい環境を避けがちになります。

これは「最終的にどういう人生を生きたいのか？」ということにも関わってくる問題なので、放っておいてくれ！　と言う人に無理強いするつもりはないのですが、人生が長期化し、労働する期間が長くなればなるほど、この「みっともない姿は見せたくない」という恐れは、その人の人生が大きく開かれる可能性を阻害するようになります。

キーガンらによる研究は、私たちが、必死になって見せまいと隠している「弱さ」「みっともなさ」にこそ、実は私たちが成熟していく機会が潜んでいることを明らかにしています。

20 サーバントリーダーシップ

与える喜び、支える喜びを糧にする

他人の幸福を求めることは、自己の幸福を求める最も確実な方法である。
アダム・スミス

本書の前半部で「ライフ・サイクル・カーブ」のコンセプトを紹介した際、30〜40代の「人生の夏」から50〜60代の「人生の秋」以降とでは、社会や組織との関わり方は大きく変わるということを指摘しました。

本節ではサーバントリーダーシップのコンセプトを紹介しながら、この「人生の夏」から「人生の秋」にかけての転機をどう乗り越え、人生の後半を豊かにするかという点について考えてみましょう。

■「支配する」のではなく「支援する」

サーバントリーダーシップは、もともとは米国の研究者、ロバート・グリーンリーフによって提唱された概念です。グリーンリーフはキャリアのほとんどを通信会社AT&Tで過ごしながら、在野の研究者としてマネジメントとリーダーシップに関する考察を深め、**それまで米国で優勢だった「支配型リーダーシップ」が有効に機能しない時代がやってくることを指摘し、権力に頼らない「支援的なリーダーシップ」としてサーバントリーダーシップという概念を提唱しました。**

グリーンリーフの提唱したコンセプトは現在でも高く評価されており、例えば「学習する組織＝ラーニングオーガニゼーション」研究の第一人者であるピーター・センゲは、グリーンリーフの著書『サーバントリーダーシップ』を「リーダーシップを本気で学ぶ人が読むべきものはただ一冊、本書だけだ」と評しています。

ここではまず、具体的に「支配型リーダーシップ」と「サーバントリーダーシップ」の違いについて確認しましょう。

図20－1は、支配型リーダーシップとサーバントリーダーシップの違いについて比較したものです。

図20－1｜支配型リーダーとサーバントリーダーの違い

	支配型リーダーシップ	サーバントリーダーシップ
モチベーション	●名声を得る ●権力を得る	●他者に奉仕する ●他者の成長を支援する
マネジメントスタイル	●権力を用いて部下を動かす	●対話を通じて行動を促す
重視点	●自分が賞賛される	●相手が賞賛される
成長の意味	●社内で昇進する ●年収を上げる ●社会的に名声を得る	●人格的な高みへと昇る ●他者の可能性を引き出す

出所："The Essentials of Servant-Leadership: Principles in Practice" Ann McGee-Cooper and Gary Looper, 2001, Pegasus Communications

両者をこのように対比すれば、あからさまに「支配型リーダーシップは悪い」「サーバントリーダーシップは良い」とされているように見えますが、別にグリーンリーフも全面的に支配型リーダーシップのスタイルを否定しているわけではありません。

ある特定の状況や文脈においては支配型リーダーシップの方が有効に機能することはグリーンリーフも認めています。典型的には、現場の第一線で、プレイヤーとしても第一級のスキルや知識を持っているリーダーが、特に緊急性の高いタフなタスクにチームで関わるような場合です。

しかし、これを逆に言えば、このよう

な特殊な状況が継続的に発生するような職業でもない限り、支配型リーダーシップは「現場の第一線で働いている」という、キャリアのごく一時期においてのみ有効なものでしかない、ということでもあります。

■支配型リーダーシップは持続可能ではない

支配型リーダーシップの最大の問題は、このスタイルが「長期的に持続可能ではない」ということです。具体的には「30～40代の人生の夏」から「50～60代の人生の秋」への移行に伴って発生する組織的・身体的な変化によって、多くの場合、支配型リーダーシップのスタイルは機能不全に陥るのです。

特に、現在のように環境変化が激しく、過去の業務経験で培った知識が数年で時代遅れになってしまうような時代において、いつまでも「昔とった杵柄」に頼って支配型リーダーシップを発揮しようとすれば、組織には大きなストレスがかかることになります。

現場の実情や市場の競争状況と乖離した過去の知識や経験をもとにして独善的に指示するばかりで、現場からの声を傾聴することがなければ、やがてその組織の士気はこれ以上ないほどに停滞し、組織メンバーは「なにを言ってもムダだ」という無気力状態に陥ることになるでしょう。

どんなに「現場の第一線」で活躍し、大きな業績を残した人であっても、キャリアのどこかで支配型リーダーシップを手放さなければならなくなる時がやってきます。支配型リーダーシップとサーバントリーダーシップの関係は「どちらが優れているか?」という優劣の問題ではなく、「いつシフトするか?」というタイミングの問題として捉えるべきなのです。

■転機をどう乗り切るか?

システムは往々にして「つなぎ目」に脆弱性を露呈するものだ、ということはすでに指摘しましたが、これは人生においても同様です。中でも「人生のつなぎ目」で難しいのは30~40代の「人生の夏のステージ」から50~60代の「人生の秋のステージ」へのトランジットだということが、これまでのキャリア研究からわかっています。いわゆる「中年の危機」ですね。

この時期は、「社会的な変化」と「身体的な変化」が激しく、この時期をうまく乗り越えられずにスランプに陥ってしまう人……さらには心身の調子を崩してしまう人が多いのです。

まず「社会的な立場の変化」から指摘すれば、私たちのほとんどは、40代から50代にかけて、どこかで役職を離れ、第一線でリーダーシップを発揮する立場から身を引くことになります。

中には上位職へと昇進して最終的にエグゼクティブになる人もいるわけですが、これも時間の問題で、どのみち全ての人はこの「第一線から退く」というトランジットを、人生のどこかで受け入れなければなりません。ところが、これが非常に難しいのです。

特に30〜40代の「人生の夏」において高い業績をあげ、組織の中で賞賛されてきた人ほど、この問題に悩まされることになります。

なぜだと思いますか？　ひと言でいえば「賞賛依存症」「達成依存症」とでも言うべきものにかかってしまうからです。中でも、前述した「支配型リーダーシップ」を発揮して、組織を引っ張り、与えられた目標を達成し、賞賛されるということを「人生の夏」においてやってきた人ほど、この依存症にかかりやすいことがわかっています。この依存症はウェルビーイングの実現において最も忌避すべき疾病のひとつです。この依存症を克服しない限り、「人生の秋」以降のステージにおけるウェルビーイングの達成はおぼつきません。

では、どのように対処すればいいのでしょうか？

■「人生の夏」で求めていたものを手放す

解決策に飛びつく前に、もう少しこの「賞賛依存症」「達成依存症」という問題を掘り下げて考えてみましょう。依存症のメカニズムについて考えてみると、本質的な問題が浮かび上がってきます。

例えばアルコール依存症の人は、言うまでもなくアルコールに依存しているわけですが、彼らが真に病みつきになっているのは、実際には「アルコールそのもの」ではなく「アルコールが脳にもたらす作用」です。

そして、これは「賞賛依存症」「達成依存症」の人々についても同じです。これらの依存症の人が本当に求めているのは「賞賛」や「達成」ではなく「成功者としての自己イメージ」であり、さらに言えば「そのイメージが脳に与える作用」……具体的にはギャンブル・コカイン・出会い系ＳＮＳなど、あらゆる「依存性のあるもの」が与えてくれる神経伝達物質＝ドーパミンの分泌なのです。

この依存症にかかっている人は、支配的リーダーシップによって影響力を発揮し、チームを力強く引っ張って目標を達成することで「お金」や「権力」や「快楽」や「賞賛」といったものを手にして興奮することに病みつきになっており、何度も繰り返しこれらを求めようとします。まさに、神学者のトマス・アクイナスが「不信心な人々が神の代用品とするもの」として挙げた「4つの偶像」を虚しく追い求め続けてしまうのです。

しかし、この追求は報われません。なぜなら依存症の常として、これらの「賞賛」や「快楽」によってもたらされた高揚感は数日〜数週間もすれば消えてしまい、ドーパミンに飢えた脳はさらなる「賞賛」や「快楽」を欲して人を駆り立てるからです。まさに無間地獄です。

そして、この無間地獄を「もっと、もっと」と追求し続けているうちに、人生のバランス・スコア・カードは崩れ、自分の人生にとって本当に大事なものが蔑ろにされ、個人のウェルビーイングは破壊されることになります。

そして、挙げ句の果てにやってくるのが「第一線を退く」というタイミングです。

有能さを遺憾なく発揮し、組織を率いて、卓越した業績を達成し、組織や社会から賞賛されることに病みつきになっている人が、自分の能力が低下し、人々から頼られなくなり、社会から忘れられる、ということを受け入れなければならなくなるのです。賞賛依存症の人はこの状況に耐えられず、ひどい虚無感に襲われ、最悪の場合はアルコールや暴力沙汰や心的失調などの問題を起こすことになります。こうなってしまってはウェルビーイングも何もあったものではありません。

2007年、カリフォルニア大学ロサンゼルス校とプリンストン大学の学術研究班が、1000人以上の高齢者を対象に分析を行ったところ、「自分が何かの役に立っていると思えない」と考える高齢者は、「自分が何かの役に立っていると思う」と答える高齢者に比べて、障害を発症するリスクは3倍に近く、研究期間中に亡くなるリスクは3倍以上でした。

あらためて確認すれば、本書冒頭で確認したウェルビーイングの3つの条件の筆頭は「自分が何か有意義なことに貢献しているという実感」でした。「自分の存在意義を失う」ということは、私たちのウェルビーイングにとって非常に重要な問題なのです。

では、どのようにすれば「人生の秋」以降のステージにおいて、ウェルビーイングを持続させることができるのでしょうか？

■年を取ることで高まる知性もある

この問いに答えるために、「人生の秋」以降のステージで起きるもうひとつの変化、すなわち「身体的な変化」について考えてみましょう。

この点についてはすでに軽く頭出しをしていますが、あらためて確認すれば、私たちの知的パフォーマンスは、平均的にはキャリアの20年目で半減期を迎えます。つまり、25歳で仕事を始めた人であれば45歳前後でピークを迎え、以降は減衰していくということです。ユングが40代を「人生の正午」という美しいメタファーでたとえたことについてはすでに紹介しました。

つまり、全般的に知的パフォーマンスは「人生の秋」に入るころから低下する、ということなのですが、一方で、中には高齢になっても一向に知的パフォーマンスが低下しないように見える人もいます。

例えばご高齢にも関わらず、一向に「言葉の鋭さ」が失われないな、と感じさせる人が皆さんの周りにもいらっしゃるでしょう。当たり前と言えば当たり前なのですが、高齢者は全般に若い人よりも豊富な語彙を持っており、それらの語彙を組み合わせて概念や状況を的確に表現することが得意です。

また、複雑なアイデアを説明することも得意で、時にはアイデアの発案者以上に、そのアイデアの意味を分かりやすく解説することができますし、複雑なアイデアを組み合わせて活用する能力も高齢者のほうが高いことがわかっています。

確かに、高齢者は、画期的なアイデアを生み出すことや、素早く論理的に問題を解決することは苦手です。しかし、既知の概念を組み合わせたり、新しい概念を他者に向けて適切に表現したりするのはとても上手なのです。

つまり、私たちの知的パフォーマンスには「加齢によって低下する種類のもの」と「加齢によってむしろ向上する種類のもの」とがあるのです。

■「流動性知能」と「結晶性知能」とは？

心理学者のレイモンド・キャテルは、この現象について研究し、その論考を1971年に「流動性知能と結晶性知能」という枠組みで整理し、発表しました。

キャテルによれば、流動性知能とは「過去の経験や学習に依存せず、論理的に考えたり、パターンを見つけたりする知的能力」のことで、例えば「複雑なパズルを解く」「未経験の問題に対処する」「スピードを要する案件に対して論理的に判断する」際に有効です。

革新的なアイデアや製品を生み出す人は、概して高い流動性知能の持ち主であることがわかっています。知能テストを専門としていたキャテルの研究から、流動性知能は20歳前後にピークに達し、40代以降は急速に低下することがわかっています。

ちなみにGAFAM（Google、Amazon、Facebook、Apple、Microsoft）の創業経営者の創業時の年齢の平均は23歳で、流動性知能が最も高まる時期と一致していますが、これは偶然ではない、ということなのでしょう。

一方で、結晶性知能とは「過去の経験や学習によって蓄積された知識やスキルを活用する知的能力」のことで、例えば「複雑なアイデアをわかりやすく説明する」「混乱した状況で適切な意思決定を行う」「専門分野で熟達した判断を行う」際に有効です。

結晶性知能は経験や幅広い分野の知識の蓄積に依存するため、年を追うごとに向上し、50～60代にピークを迎え、その後も高原状態を維持します。

キャテル自身は2つの対照的な知能について「流動性知能は抽象的な問題を解決する脱文脈化された知的能力であるのに対し、結晶性知能は、人が生きる中で文化的適応と学習によって獲得した知恵に相当する」と説明しています。

図20－2｜人生に訪れる２つの「知性のピークの波」

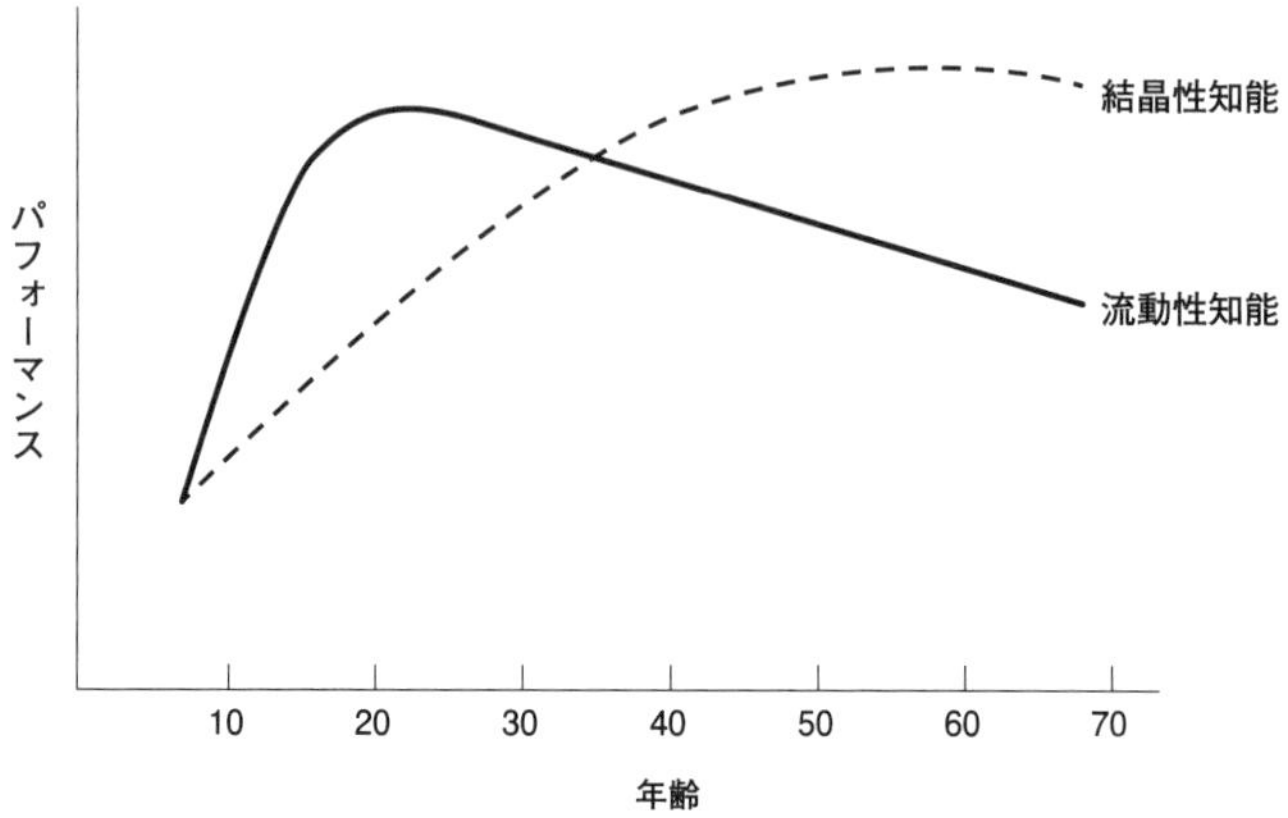

つまり、両者では「知性の質が異なる」ということであり、さらに重要なのは、両者は「人生の異なる時期に2つの波を作り出す」ということです。

これを図式化すると図20－2のようになります。

■サーバントリーダーシップと結晶性知能の相性

これでもうおわかりでしょう。先述した「高齢になっても知的パフォーマンスが低下しない人」は、人生の後半になって結晶性知能を発揮しているのです。

知的生産性の半減期は20年というサイモントンの研究結果もこれを裏付けてい

ます。サイモントンは、多くの知的生産に関わる職業を分析して「20年半減期」のモデルを提示したわけですが、実は半減期の期間は職業によって大きなバラつきがあり、中には「非常に半減期が長い」職業もあることがわかっています。

ひとつは「歴史家」です。サイモントンのデータによれば、歴史家の半減期の期間は平均値から大幅に乖離し、なんと平均39・7年となっています。つまり、25歳でキャリアをスタートすれば、60代になってやっと半減期がやってくる、ということです。歴史の研究では大量の知識と洞察を蓄え、さらにそれを人生経験と統合する必要がある……つまり結晶性知能に依存する度合いが非常に大きいのです。

そしてもうひとつ、結晶性知能ととても相性の良い職業がカウンセラー（医師・弁護士・コンサルタントといった専門職を含む）や教師などの「支援者」です。これらも、歴史家と同様に「大量の知識と洞察を蓄え、それを人生経験と統合する必要がある」ため、やはり結晶性知能に依存する度合いが高いのです。

つまり「年長者でありながらも支援者」というサーバントリーダーシップのスタイルは、50～60代の「人生の秋」のステージから高まってくる結晶性知能と、非常にフィットするのです。

■2つの「知性の波」を乗り換える

私たちは人生の中で、20代の「人生の春」における流動性知能のピークと、50〜60代の「人生の秋」における結晶性知能のピークという「知性のピークの2つの波」を経験します。

人生の前半において流動性知能によって高いパフォーマンスを上げた人も、多くの場合、40代の後半から50代にかけて、流動性知能の減退を経験しますが、それで終わりではありません。流動性知能が舞台から退いていくそのタイミングで、新しい知性、結晶性知能が舞台の中央に出てくるのです。

すでにRBV（リソース・ベースド・ビュー）の項において説明したとおり、適切な戦略が、私たちが固有に持っている資源とのフィットによって決まるのであれば、私たちは、人生の前半における「流動性知能の亢進」から、人生の後半における「結晶性知能の亢進」という遷移に合わせて、ライフ・マネジメント・ストラテジーを切り替える必要があります。

確かに、このシフトは容易なことではありません。特に「人生の夏」までの時期において、流動性知能に頼って支配的リーダーシップを発揮し、高い業績を上げていた人は「賞賛依存症」「達成依存症」といった依存症にかかっていることが多いため、自分のスタイルを手放すことには一時的な痛みや苦しみが伴うでしょう。

しかし、この転機を乗り越えれば、とても豊かな「後半のステージ」が待っていることもまた確かなのです。依存症によって駆動された支配型リーダーシップを手放し、蓄積した知恵と経験を生かして他者を支援するサーバントリーダーシップによって、人的資本・社会資本をさらに充実させて「人生の秋」以降の持続的ウェルビーイングを実現できるのです。

■グリーンリーフというベンチマーク

サーバントリーダーシップという概念を生み出し、これを世界に広めたグリーンリーフは、当時、世界で最も大きな企業であったＡＴ＆Ｔの管理職を勤めながら、在野の独立研究者としてサーバントリーダーシップの研究に打ち込むというイニシアチブ・ポートフォリオを実践した人でした。

おそらくグリーンリーフにとって、ＡＴ＆Ｔという巨大企業での出世は、さして動機づけられる人生の目標ではなかったのでしょう。彼は50代……つまり本書の枠組みとしては「人生の秋のステージ」に入ったタイミングで、当時としては珍しかった早期退職によってAT&Tの職を辞してから、応用倫理研究センターというシンクタンクを設立し、以降、1990年に亡くなるまで、ハーバードをはじめとした大学での教鞭や執筆、あるいは独立系の組織・人材コンサルタントとしての活動を通じて、サーバントリーダーシップという概念の普及・啓蒙に努めました。

これが彼にとってどれほど動機づけられる仕事であったかは想像に難くありません。グリーンリーフの著書『サーバントリーダーシップ』の扉ページには、彼がこのコンセプトに込めた想いが短くも力強く語られています。

私は自分の人生をこの仮説に賭けてみたい。

なんとも羨ましいと思いませんか。人生の後半に「自分の人生を賭けてみたい」と思えるようなテーマに出会い、それを死ぬまで実践し続け、多くの人々を支援したのです。

グリーンリーフが提唱したサーバントリーダーシップのコンセプトは、筆者を含め「人生の秋」以降のステージにある人々に大きなインスピレーションを与えてくれるものですが、私には、それ以上に、このグリーンリーフの生き方そのものが、大きな勇気と明るい希望を与えてくれるもののように思えます。

本書では、さまざまな戦略コンセプトを共有しながら、自分が自分らしく働き、経済的にも社会的にも成功するための方策について考えてきました。しかし、どんなに成功したとしても、私たちはいずれどこかで第一線を退き、立場を後進に譲り、頼られなくなり、最終的に忘れられることになります。

このような状況をつらく、悲しいものとして受け止めて意気消沈するか、あるいは、他者を支援し、他者の成長や活躍に新しい喜びを見出すかで、人生後半のクオリティ・オブ・ライフは大きく変わってくることになります。

サーバントリーダーシップが訴えているのは「能力の低下する、つらくて苦しい人生後半期は端っこで支援者として過ごしましょう」などという消極的なものではありません。むしろ逆で、他者を支援し、その成功を手助けすることで、金銭や名誉といった虚しいものでは得ることのできなかった大きな喜びが人生の後半期に得られるということ……フランク・シナトラの墓碑銘の言葉を借りれば「お楽しみは、これからさ」ということなのです。

おわりに　資本主義社会のハッカーたちへ

ありったけの革命的情熱をもって君を抱擁する

エルネスト・チェ・ゲバラ

本書もここで終わりとなりますが、最後にひと言、私から読者の皆さんにメッセージを送りたいと思います。

経営戦略論を学ぶに当たっては２つの構えがあります。

ひとつの構えとして、いまあるこの世の中を「そういうものだから」と捉え、その中で功利的に立ち回って地位や年収をあげることに使おうと思えば、そういう使い方もできるでしょう。

一方で別の構えとして、いまあるこの世の中をクリティカルに捉え、その中でしたたかに運動して影響力を獲得し、企業を動かし、社会を変革しようとするのであれば、そういう使い方もまたできるでしょう。

どちらの用途に使うかは皆さん次第ですが、私はぜひとも、後者の構えでもって、本書で学んだ知見を活用して欲しいのです。

フレデリック・テイラーの科学的管理法、あるいはエルトン・メイヨーのホーソン実験など、今日の科学的経営学につながる最初の礎が築かれてからおよそ100年、経営学は、経済学、心理学、社会学、統計学などの領域における世界中の賢人の叡智が注ぎ込まれることで大きく発展することになりました。

言うまでもなく、経営学が貪欲に取り込んだこれら多分野の知見の発展には、莫大な社会的コストが費やされています。ところが、これらの知見は、社会の中のごくごく一部の人たちだけに占有され、彼らが特権的な地位で居続けるために活用されているという側面が否定できません。

これは、どう考えてももったいないと思うのです。なぜなら、本書で再三にわたって指摘した通り、経営戦略論をはじめとした経営学の教えるさまざまなコンセプトやフレームワークは、私たち一人一人の人生を考えていく上で、非常に有用な示唆や洞察を与えてくれるからです。だから、私はこれを、これまで経営学となじみのない人生を送ってきた多くの人たちに届けたいと思っているのです。

第二次世界大戦中、連合軍は、枢軸国支配下にある地域のレジスタンス運動を支援するために、極めて簡素な銃＝リベレーターを大量に製造し、百万丁以上を空からバラまきました。私がやりたいのはまさにコレなのです。

私は2020年に上梓した拙著『ビジネスの未来』において、昨今、風当たりの強くなっている資本主義を全否定するよりも、これをしたたかに利用して社会を変革する「資本主義というシステムのハッカー」という概念を提唱しました。

しかし、ことはそう簡単ではありません。本物のハッカーが、しばしば表向きにはシステムに通暁した一流のエンジニアであるのと同じように、「資本主義のハッカー」もまた、資本主義というシステムの駆動原理を深く理解しなければなりません。経営戦略論は、この「資本主義というシステムの駆動原理」を学ぶ上で、とても好都合な題材なのです。

今日、ビジネスは環境汚染や格差の拡大をはじめ、さまざまな社会問題に関して「諸悪の根源」のように語られていますが、これは非常に一面的な見方だと思います。私たちの社会は今日、大多数の人が文化的で健康な生活を送れるようになっていますが、これらを可能にしたのはビジネスによる生産性の向上やイノベーションなのだということを絶対に忘れてはなりません。

今から百年前の世界を思い返してください。当時の社会では、多くの女性が過酷な家事労働に疲労困憊しており、多くの救えたはずの子どもが些細な病気で命を落とし、多くの人々が栄養失調に苦しみ、良質なエンタテインメントにアクセスできるのはごく一部の富裕層だけでした。

現在の私たちからすれば信じられないようなディストピアが「そういうものだ」と諦めている人たちによって受け入れられていたのです。しかしでは、なぜこれらの問題は、今日の社会において根絶されたのでしょうか？　言うまでもありません。「これはおかしい」とアクティブに声を上げた人たちが、ビジネスを通じて社会変革を導いたのです。

彼らの多くは歴史に名を残すような革命家ではありませんでしたが、私たちの社会が、当時のそれよりも少しはマシなものになっているのだとすれば、それは彼ら「名もなき資本主義のハッカーたち」のおかげなのだということを私たちは忘れてはなりません。

私たちはバトンを受け取っているのです。だから、私たちもまた、受け取ったバトンを次世代へと受け渡していかなければなりません。その役目を担うのは、いままさに、こうしてこのあとがきを読んでいる皆さんだということです。

ぜひ「資本主義社会のハッカー」たる自負を持って、新しい世界の建設に携わっていただければと思います。

2025年1月

山口周

経営学独習ブックガイド　書籍一覧

1　目標設定について

『モモ』
ミヒャエル・エンデ著／大島かおり訳（岩波書店）

本書で提示した「仕事に役に立つ資本」と「人生が豊かになる資本」の関係を考えさせてくれる。「あなたは自分にとって一番大事なことに時間資本を捧げていますか？」を問いかけてくる、大人にこそ読んで欲しい傑作童話。

『アルケミスト　夢を旅した少年』
パウロ・コエーリョ著／山川紘矢、山川亜希子訳（角川文庫）

人生の目的は自室にこもって考えても見つからない。まず動いて「人生という旅」をスタートさせることの大事さを語っている。小説全体のそこかしこに「人生の指針」となる宝石のような言葉が埋まっている。

『Dark Horse　「好きなことだけで生きる人」が成功する時代』
トッド・ローズ、オギ・オーガス著／大浦千鶴子訳／伊藤羊一解説（三笠書房）

画一的なイメージが支配する「成功へのルート」から離れ、個人が自分らしいユニークなキャリアを追求することで、思いがけない成功を収める「ダークホース」的な生き方が可能になってきていることを紹介。競争戦略論の「差別化」の観点から本書を読んでみると面白い。

『モチベーション3.0　持続する「やる気！」をいかに引き出すか』
ダニエル・ピンク著／大前研一訳（講談社＋α文庫）

従来の「モチベーション1.0＝生理的欲求」、「モチベーション2.0＝報酬と罰による外発的動機づけ」は、もはや現代人の動機づけとして機能していないと指摘し、代わりに「モチベーション3.0」として「自律」「熟達」「目的」の3つの内発的要素が重要だと主張。自分自身の動機づけについて考察するための示唆に溢れる。

『イノベーション・オブ・ライフ　ハーバード・ビジネススクールを巣立つ君たちへ』
クレイトン・M・クリステンセン、ジェームズ・アルワース、カレン・ディロン著／櫻井祐子訳（翔泳社）

クリステンセンがハーバードの卒業生に向けて毎年おこなっていた伝説の講義が本書の元。イノベーション理論の大家が、イノベーション理論を個人の幸福や成功の追求に当てはめて解説。本書の基本的な着想の元になった本。

『ORIGINALS　誰もが「人と違うこと」ができる時代』
アダム・グラント著／シェリル・サンドバーグ解説／楠木建監訳（三笠書房）

リスクを最小化しながら新しいアイデアを試すには何が必要か？　オリジナルな着想で人生を切り開いた人たちに共通して見られる思考・行動様式を紹介。

2　長期計画について

『サーバントリーダーシップ』
ロバート・K・グリーンリーフ著／金井壽宏監訳／金井真弓訳（英治出版）

リーダーシップの本質を「奉仕」に置く新しい考え方を提唱。「率いる人」から「支える人」へ。特に今後、長期化することが予想される「人生の秋」以降のステージにおいて、組織や社会との関わり方について考えるための洞察に満ちている。

『エッセンシャル思考　最少の時間で成果を最大にする』
グレッグ・マキューン著／高橋璃子訳（かんき出版）

本当に大切なことに時間資本を集中することの重要性を指摘。「緊急だけど大切ではない」ことに戦略資源を逐次分散投入してしまう愚を避けるために。

『人生は20代で決まる仕事・結婚・将来設計』
メグ・ジェイ著／小西敦子訳（早川書房）

人生において「意思決定」は生涯続くが、その重要性は20代ほど高い。なぜなら「意思決定がもたらすNPVへの影響」は若ければ若いほど大きいから。20代の意思決定が良くも悪くも人生全体に決定的な影響を与えることを指摘。

『LIFE SHIFT（ライフ・シフト）　100年時代の人生戦略』
リンダ・グラットン、アンドリュー・スコット著／池村千秋訳（東洋経済新報社）

寿命の長期化によって、これまでの「教育」「仕事」「引退」という三段階の人生モデルがもはや機能しなくなりつつあることを指摘し、柔軟に「学び直し」「多様な働き方」「新しい人間関係」を取り入れることの重要性を強調。ライフ・マネジメントにおける長期計画の策定に多くの示唆を与えてくれる。

『トランジション　人生の転機を活かすために』
ウィリアム・ブリッジズ著／倉光修、小林哲郎訳（パンローリング）

本書で指摘したとおり、人は往々にして「つなぎ目」でつまずいてしまう。ブリッジズは、その原因を「始められないから」ではなく「終わらせられないから」と指摘する。人生に付きものである「転機」に準備し、うまく乗り越えるためのヒントがたくさん詰まっている。

『その幸運は偶然ではないんです！夢の仕事をつかむ心の練習問題』
J.D.クランボルツ、A.S.レヴィン著／花田光世、大木紀子、宮地夕紀子訳（ダイヤモンド社）

人生には「運」は付きものだが、「運」は、機会を受容することで引き寄せることができる、とするのが本書。

『人生後半の戦略書　ハーバード大教授が教える人生とキャリアを再構築する方法』
アーサー・C・ブルックス著、木村千里訳（SBクリエイティブ）

「成功や名声」を手放し、「幸福と目的」へとシフトすることを提案する。加齢による変化を前向きに受け入れるヒントが詰まった一冊。

3　職業選択について

『キャズム　ハイテクをブレークさせる「超」マーケティング理論』
ジェフリー・ムーア著／川又政治訳（翔泳社）

キャズムというコンセプトを最初に提唱した本。自分の居場所や投資先について考える上で重要な「市場の趨勢」を見極める上で有用な洞察や示唆を与えてくれる。

『キャリア・アンカー　自分のほんとうの価値を発見しよう』
エドガー・H・シャイン著／金井壽宏訳（白桃書房）

個人がキャリアを選択する際の根本的な価値観＝「譲れないところ」を船のアンカー（錨）に例えて8つに分類、自分にとって最も重要なものを理解することで、長期的なキャリア満足度が高まると提唱する。

『両立思考　「二者択一」の思考を手放し、多様な価値を実現するパラドキシカルリーダーシップ』
ウェンディ・スミス、マリアンヌ・ルイス著、関口倫紀、落合文四郎、中村俊介監訳、二木夢子訳（日本能率協会マネジメントセンター）

短期と長期、利益と倫理、安定と変革といった対立する2つの価値観や目標が共存する状況で、それぞれを排除せず、両方を受け入れ、統合的に対応することで持続的な成功や革新を目指すことを提唱。

『ワーク・シフト　孤独と貧困から自由になる働き方の未来図〈2025〉』
リンダ・グラットン著／池村千秋訳（プレジデント社）
テクノロジーやグローバル化、長寿社会の到来によって大きく変わる働き方の未来を描く。従来の仕事観や働き方が通用しなくなる中、個人や組織がどのように柔軟で持続可能な働き方を構築すべきかを提案。

『フリーエージェント社会の到来　新装版　組織に雇われない新しい働き方』
ダニエル・ピンク著、玄田有史序文、池村千秋訳（ダイヤモンド社）
「ひとつの組織に勤める」という働き方以外の人生の可能性を提示する。初版はかなり前だが、コロナ以後の世界では、ピンクの指摘したトレンドは加速している。「働き方」のイメージを拡大する上で役立つ。

『マッキンゼーホッケースティック戦略　成長戦略の策定と実行』
クリス・ブラッドリー、マーティン・ハート、スヴェン・シュミット著／アンドレ・アンドニアン解説／野崎大輔監訳（東洋経済新報社）
21世紀に入ってから大きく成長した企業の多くは「居場所を変える」ことで成長しており、同じ場所に居続けて「競争に勝って」成長した企業は少数であることを明らかにしている。ポジショニングの重要性、そして「美味しいポジショニングは永遠ではない」ことを実際のデータで示している。

『CSV経営戦略　本業での高収益と、社会の課題を同時に解決する』
名和高司著（東洋経済新報社）
ポーターの提唱したCSV経営戦略を、具体的な企業の取り組み等も交えてわかりやすく紹介しているのが本書。社会貢献と経済的成功の両立を目指す上で、実践のためのヒントに溢れている。

4　選択と意思決定について

『戦略的思考とは何か　エール大学式「ゲーム理論」の発想法』
アビナッシュ・ディキシット、バリー・ネイルバフ著／菅野隆、嶋津祐一訳（CCCメディアハウス）
不確実性が高い状況において、一度の意思決定を前提とせず、将来の状況変化に応じて「保留」「拡大」「縮小」「撤退」といった選択肢を取る柔軟性を残すというリアルオプションの考え方を説明。

『企業価値評価　第7版［上］［下］　バリュエーションの理論と実践』
マッキンゼー・アンド・カンパニー、ティム・コラー、マーク・フーカート、デイビット・ウェッセルズ著／マッキンゼー・コーポレート・ファイナンス・グループ訳（ダイヤモンド社）
企業価値を評価するための体系的なアプローチを解説した一冊で、本書でも紹介した正味現在価値や経済付加価値（EVA）などの基本的な評価手法を詳しく説明。企業価値を向上させるための戦略や手法はライフ・マネジメントへの示唆が大。

『決定版リアル・オプション　戦略フレキシビリティと経営意思決定』
トム・コープランド、ウラジミール・アンティカロフ著／栃本克之監訳（東洋経済新報社）
競争や交渉の場面で相手の行動や意図を読み取り、最適な戦略を見つけ出すための考え方を紹介。ビジネスや政治、日常生活のさまざまな場面で応用できる戦略の理論と実践方法をわかりやすく解説し、複雑な状況でも合理的かつ効果的な選択を行うための知見を提供。

『Adapt　適応戦略　優秀な組織ではなく、適応する組織が生き残る』
ティム・ハーフォード著、得重達朗訳（ディスカヴァー・トゥエンティワン）

複雑で不確実な現代の問題を解決するために、計画ではなく「試行錯誤」を重視すること、成功するためには小さな失敗を積み重ね、そこから学んで修正していく「適応力」が重要であることを説く。

『GIVE & TAKE 「与える人」こそ成功する時代』

アダム・グラント著、楠木建監訳（三笠書房）

人を「ギバー＝与える人」「テイカー＝取る人」「マッチャー＝取引する人」の3つのタイプに分類し、長期的に最も成功しているのは「ギバー」であることを示す。

『ファスト&スロー〔上〕〔下〕　あなたの意思はどのように決まるか？』

ダニエル・カーネマン著、村井章子訳（早川書房）

人間の意思決定の仕組みを「システム1」と「システム2」の2つの思考プロセスで説明。私たちが日常でどのようにバイアスやヒューリスティックに影響され、合理的でない決断を下してしまうかを示す。

『選択の科学　コロンビア大学ビジネススクール特別講義』

シーナ・アイエンガー著、櫻井祐子訳（文春文庫）

人間がどのように選択を行い、そのプロセスが行動や幸福にどう影響するかを探る。特に「選択が多すぎると人が疲れや不安を感じる＝選択のパラドックス」の箇所は考えさせられる。

『エフェクチュエーション　市場創造の実効理論』

サラス・サラスバシー著、加護野忠男監訳、高瀬進、吉田満梨訳（碩学舎）

経営学者のサラスバシーが「成功した起業家」の思考・行動様式を調べてみたところ、それらはビジネス・スクールで教えているセオリーとは全く異なっていた。本書は、サラスバシーが明らかにした「起業家の思考・行動様式」について簡潔にまとめたもの。

5　学習と成長について

『人を伸ばす力　内発と自律のすすめ』

エドワード・L・デシ、リチャード・フラスト著、桜井茂男監訳（新曜社）

人の成長やモチベーションには外的な報酬だけでなく、内発的動機が重要であると説く。真の成長を引き出すには、自主性や自己決定の感覚が不可欠であると論じる。自分自身を動機づけるためのヒントが得られる。

『権力を握る人の法則』

ジェフリー・フェファー著、村井章子訳（日本経済新聞出版）

職場や組織で権力を獲得し、維持するための実践的な方法を示す。職場の成功が単なる実力や努力だけでなく、権力と影響力をどのように築き、活用するかに大きく左右されると主張。権力を得るための心理学や行動戦略、効果的な人間関係の築き方、さらには対立への対処法についても具体的なアドバイスが豊富。

『なぜ弱さを見せあえる組織が強いのか　すべての人が自己変革に取り組む「発達指向型組織」をつくる』

ロバート・キーガン、リサ・ラスコウ・レイヒー著／中土井僚監訳、池村千秋訳（英治出版）

組織内でメンバーが弱さや失敗をオープンに共有できる環境が、信頼や学びを促進し、組織の強さにつながると説く。「弱さは強さに転じる」という考え方はネガティブ・ケイパビリティの根底。

『進化は万能である　人類・テクノロジー・宇宙の未来』

マット・リドレー著／大田直子、鍛原多惠子、柴田裕之、吉田三知世訳（早川書房）

自然はデザインも計画もされず、膨大な試行錯誤によって進化してきた。同様のことが社会や文化、経済についても言える。トップダウンの計画よりも、個々の小さな変化が蓄積されて大きな革新を生むという、ボトムアップの進化的プロセスがもたらす創造性と持続性はライフ・マネジメントにも適用できる。

『最強の経験学習』

デイヴィッド・コルブ、ケイ・ピーターソン著／中野眞由美訳（辰巳出版）

個人が学習過程でどのように経験を活用し、効果的な学びを深めるかを解説。学習を「経験」「反省」「概念化」「実験」という4つのプロセスに分けた「経験学習モデル」を提唱。自分の学習や成長を考えるための大きな視点が得られる。

『フロー体験入門　楽しみと創造の心理学』

M.チクセントミハイ著、大森弘監訳（世界思想社）

最も大きな成果を生み出した人々は、しばしば最も楽しく仕事をやっていた人でもあった。彼らの特徴は「興味のあることしかやらない」ということ。内部的な衝動に基づいて仕事やプロジェクトを選択することが成功の秘訣なのだということを教えてくれる。

『ハイ・フライヤー　次世代リーダーの育成法』

モーガン・マッコール著、金井壽宏監訳、リクルートワークス研究所訳（プレジデント社）

リーダー育成における経験の重要性を指摘。成功には、トレーニングよりも、良質な経験が得られる困難なプロジェクトや失敗が重要であると主張し、「困難に陥らず、何事もうまくいっている状態」の危険性を指摘する。

『才能の科学　人と組織の可能性を解放し、飛躍的に成長させる方法』

マシュー・サイド著／山形浩生、守岡桜訳（河出書房新社）

日本では「生まれつき信奉」が強いが、本書は「好きで長くやっている人」こそが、最終的には高みに達することを明らかにしている。「自分には才能がないから」と尻込みせず、本当に「好きで打ち込めること」を見つけることが、人生の経営戦略では重要だと教えてくれる。

『Insight　いまの自分を正しく知り、仕事と人生を劇的に変える自己認識の力』

ターシャ・ユーリック著／中竹竜二監訳、樋口武志訳（英治出版）

自己理解の深さが成功や成長に関係していることを示す。自己認識には「内的自己認識」と「外的自己認識」があり、他者からのフィードバックを活用しながら両方を高めることが効果的であると述べる。自己理解を深めるための具体的な方法論が多数示されている。

6　その他

『マインドセット　「やればできる！」の研究』

キャロル・S・ドゥエック著、今西康子訳（草思社）

「自分の能力や知性は生まれつき決まっている」とする考え方を「硬直マインドセット」、「努力や挑戦を通じて自分の能力や知性は向上させられる」とする考え方を「しなやかマインドセット」と整理し、後者を持っている人の方が、さまざまな領域で成功しているとする研究。本書で提示した「とにかくたくさん試す」を後押ししてくれる。

『アリストテレス　ニコマコス倫理学（上）（下）』

高田三郎訳（岩波書店）

人間の幸福（エウダイモニア）を追求するための倫理的指針を示す。真の幸福は快楽や富にではなく、「卓越した行為（徳）」による生き方にあると説く。特に、中庸（メソテース）の概念を重視し、過度や不足を避けて最善の行為を取ることが徳を成すとした。

『反脆弱性［上］［下］　不確実な世界を生き延びる唯一の考え方』

ナシーム・ニコラス・タレブ著／望月衛監訳／千葉敏生訳（ダイヤモンド社）

変動や混乱や外圧によってパフォーマンスが低下する「脆弱性」とは逆に、それらによってパフォーマンスが向上する「反脆弱性」という概念を提唱。タレブは、経済や人生においてもこの性質を取り入れることで、より強靭かつ柔軟なシステムや個人が形成されると説く。

『EQ　こころの知能指数』

ダニエル・ゴールマン著／土屋京子訳（講談社）

自己や他者の感情を理解し、適切に対応する能力が、仕事や人間関係の成功に直結することを解説した書籍。EQは、自己認識、自己管理、社会的認識、対人関係管理の4つの要素から成り、知的能力（IQ）に勝る重要性があるとされる。ゴールマンは、リーダーシップや組織運営においてEQが不可欠であると主張し、感情を管理するスキルが幸福で充実した人生に寄与するとしている。

『ゼロ・トゥ・ワン　君はゼロから何を生み出せるか』

ピーター・ティール、ブレイク・マスターズ著／瀧本哲史序文、関美和訳（NHK出版）

ゼロからイノベーションを起こすためには競争ではなく独自の価値創造を目指すべきだと主張。新しい市場を作り、競合のないビジネスを構築するための洞察はライフ・マネジメントへの示唆が多い。

『戦略サファリ　第2版　戦略マネジメント・コンプリートガイドブック』

ヘンリー・ミンツバーグ、ブルース・アルストランド、ジョセフ・ランペル著／齋藤嘉則監訳（東洋経済新報社）

経営戦略論を「10の学派」に分類して紹介し、それらの学派の理論や実践を体系的かつコンパクトに解説する。戦略についての多様なアプローチやその適用シーンを俯瞰的に学べるため、戦略立案の奥深さを理解し、実際のビジネス環境に合わせて柔軟に戦略を選択・適用するための知見を得られる一冊。

『競争優位の戦略　いかに高業績を持続させるか』

M.E.ポーター著／土岐坤、中辻萬治、小野寺武夫訳（ダイヤモンド社）

ポジショニング学派のバイブル。企業が市場で競争優位を確立するための戦略を体系的に解説した経営戦略の名著。競争優位を生み出す方法として「コストリーダーシップ」「差別化」「集中戦略」の3つの基本戦略として提案。また本書で紹介した「ファイブフォース」モデルを紹介し、業界の構造を理解することが競争優位を構築する出発点であるとする。

『【新版】企業戦略論【上】【中】【下】』

ジェイ B.バーニー、ウィリアム S.ヘスタリー著／岡田正大訳（ダイヤモンド社）

リソース・ベースド・ビュー学派のバイブル。企業が持続的な競争優位を確立するための資源ベースのRBVについて詳述した著作。競争優位を維持するには「価値」「希少性」「模倣困難性」「活用可能性」の4つが重要だと主張。本書の指摘を個人に置き換えて解釈可能。

『【新版】ブルー・オーシャン戦略　競争のない世界を創造する』

W・チャン・キム、レネ・モボルニュ著／入山章栄監訳、有賀裕子訳（ダイヤモンド社）

企業が競争の激しい「レッド・オーシャン」から抜け出し、競争の少ない新市場「ブルー・オーシャン」を創造することで持続的な成長を目指す戦略を提案。競合との競争に囚われるのではなく、顧客に新しい価値を提供する革新的な商品やサービスを生み出し、新しい市場空間を開拓することの重要性を説く。

『コトラー&ケラー&チェルネフ　マーケティング・マネジメント（原書16版）』

フィリップ・コトラー、ケビン・レーン・ケラー、アレクサンダー・チェルネフ著／恩藏直人監訳（丸善出版）

マーケティング理論の基本と応用を体系的に解説。市場調査、セグメンテーション、ターゲティング、ポジショニングといった基本概念から、製品、価格、プロモーション、流通（4P）戦略まで、全ての項目を個人に読み替えて応用することが可能。

［著者］
山口周（やまぐち・しゅう）
1970年東京都生まれ。独立研究者、著作家、パブリックスピーカー。ライプニッツ代表。慶應義塾大学文学部哲学科卒業、同大学院文学研究科修了。電通、ボストン コンサルティング グループ等で戦略策定、文化政策、組織開発などに従事。
『世界のエリートはなぜ「美意識」を鍛えるのか?』（光文社新書）でビジネス書大賞2018準大賞、HRアワード2018最優秀賞（書籍部門）を受賞。その他の著書に、『武器になる哲学』（KADOKAWA）、『ニュータイプの時代』（ダイヤモンド社）、『ビジネスの未来』（プレジデント社）、『知的戦闘力を高める 独学の技法』（日経ビジネス人文庫）など。神奈川県葉山町に在住。

ＪＡＳＲＡＣ 出 2409364-401

人生の経営戦略
――自分の人生を自分で考えて生きるための戦略コンセプト20

2025年1月14日　第1刷発行
2025年6月19日　第6刷発行

著　者――山口周
発行所――ダイヤモンド社
〒150-8409　東京都渋谷区神宮前6-12-17
https://www.diamond.co.jp/
電話／03·5778·7233（編集）　03·5778·7240（販売）

ブックデザイン―小口翔平＋佐々木信博（tobufune）
本文デザイン―二ノ宮匡
本文DTP·図版作成―エヴリ・シンク
校正――鷗来堂
製作進行――ダイヤモンド・グラフィック社
印刷――三松堂
製本――ブックアート
編集担当――田中怜子、市川有人

ISBN 978-4-478-11993-8